111 Rezepte für den Sandwichmaker

Das Sandwichmaker Kochbuch XXL.
Die 111 besten Sandwichmaker Rezepte mit Fleisch, Fisch, Käse, vegetarisch, klassisch und Süß. Inklusive Einführung in den Sandwichmaker.

Cooking Academy

Inhaltsverzeichnis

Vorwort

Sandwiches sind immer eine leckere Zwischenmahlzeit, aber auch als Frühstücksidee oder Abendessen. Sie sind schnell zubereitet und können ganz nach Wunsch belegt werden. Es gibt viele Ideen, wie man Sandwiches belegen kann – von herzhaft bis süß. Sie können beim Belag Ihres Sandwiches Ihrer Fantasie freien Lauf lassen. Belegen Sie Ihr Sandwich nach Belieben; hier wird Ihrer Fantasie keine Grenze gesetzt. Sie sollten lediglich die Unterseite und das obere Toastbrot leicht mit Butter oder Öl bestreichen. Alternativ können Sie den Sandwichmaker auch leicht einfetten.

Musste man die Toastbrote immer vorab toasten, waren sie meist etwas erkaltet, wenn man sein Sandwich genießen wollte. Heute ist das anders; der Fortschritt der Technik brachte den Sandwichmaker auf den Markt.

Wir bieten Ihnen mit unseren kleinen Ratgeber eine kleine Einführung in die Welt der Sandwiches und natürlich auch vom Sandwichmaker. Natürlich haben wir auch viele Rezepte, 111 Rezepte an der Zahl für Sie zusammengestellt.

Natürlich haben wir nicht nur Rezepte für Sandwiches für Sie zusammengestellt. Der Sandwichmaker kann mehr – was er kann, finden Sie in unserem letzten Kapitel, dem Kapitel 3.8.

Viel Spaß beim Lesen, Nachmachen und Genießen!

1. Was ein Sandwichmaker ist

In einem Satz gesagt: Ein Sandwichmaker macht Sandwiches. Das ist die eine Seite, doch die meisten Geräte können mehr. Ist das Gerät groß genug, also XXL, dann kann man darin sogar Kuchen backen.

Mit dem Sandwichmaker lassen sich schnell köstliche Hauptmahlzeigen zubereiten. Auch wenn es schnell gehen muss ist es nicht notwendig auf Fast Food zu setzen, sondern den Sandwichmaker einzusetzen.

Aktuell gibt es bei Sandwichmaker drei verschiedene Arten:

- Einfache Sandwichmaker, deren Platten man nicht wechseln kann,
- multifunktionale Geräte und
- XXL Sandwichmaker.

Diese Arten unterscheiden sich wiederum durch ihre Varianten und Designs.

Mit einem einfachen Sandwichmaker kann man ausschließlich Sandwiches herstellen. Dagegen bieten die multifunktionalen Geräte vielfältige Möglichkeiten. Zu den multifunktionalen Geräten gehören die 3 in 1 Sandwichmaker, mit denen man neben Sandwiches auch Waffeln und Kuchen herstellen kann. Außerdem verfügen diese Geräte über Grillfunktionen.

Für einen großen Haushalt sind die XXL Geräte hervorragend geeignet. Mit einem solchen Gerät kann man schnell einige Personen mit köstlichen Sandwiches versorgen.

Bevor Sie einen Sandwichmaker kaufen überlegen Sie, ob Sie diesen ausschließlich für Sandwiches nutzen wollen oder ob Sie mehr wollen. Es gibt Geräte, mit denen kann man Waffeln, Donuts backen und sogar grillen. Sie sollten auch darauf achten, dass das Gerät leicht zu reinigen ist und die Toast-Platten nicht nur antihaftbeschichtet, sondern auch herausnehmbar sind.

Sind im Haushalt Kinder vorhanden sollte das Gerät einen isolierten Griff haben.

Es gibt auf dem Markt eine Vielzahl Sandwichmaker, die sich in ihren Funktionen und Größen unterscheiden. Von der Größe her können Sie entweder ein Sandwich, zwei oder gar vier Sandwiches herstellen. Kleine Geräte eignen sich hauptsächlich für Singles und Paare; große Geräte für Haushalte mit Kindern.

Sandwichmaker werden immer wieder getestet. Die Testergebnisse finden Sie im Internet. Beim Studieren der Ergebnisse sollten Sie darauf achten, dass nicht nur Preis günstig ist, sondern die Qualität stimmt.

Damit Sie lange an Ihrem Gerät Freude haben sollten Sie auf Folgendes achten:

Das Gerät sollte

- einen Überlaufschutz
- einen separaten Temperaturregler
- einen separaten Einschalter
- einen isolierten Griff
- herausnehmbare Toast-Platten
- die richtige Größe (Single, Familie)
- Kühlung für die Oberfläche
- Anti-Rutschfüße

haben.

Auch qualitativ hochwertige Sandwichmaker sind nicht unbedingt teuer; doch die Anschaffung lohnt sich, wenn Sie gerne Sandwiches essen. Der Kauf eines 3 in 1-Sandwichmakers lohnt sich dann, wenn Sie das Gerät auch zum Grillen und Backen nutzen wollen. Es gibt bereits Sandwichmaker, die voreingestellte Grillprogramme haben und multifunktional einsetzbar sind.

Wie bei allen technischen Geräten sollten Sie sich nicht das billigste Gerät stürzen. Auch von einem gebrauchten Sandwichmaker sind die Finger zu lassen. Die Technik schreitet täglich, ja fast stündlich fort und es kommen neue Geräte auf den Markt, die mehr als nur Sandwich toasten können. Sandwichmaker sind nicht teuer, das gilt auch für Geräte von hochwertiger Qualität. Nutzen Sie die Chance und stöbern Sie mal im Internet; Sie finden bestimmt den Sandwichmaker, der Ihre Wünsche erfüllt. Dabei ist es nicht verpflichtend das Gerät auch im Internet zu kaufen; in großen Fachgeschäften finden Sie eine große Auswahl an diesen Geräten und haben dabei noch einen Mitarbeiter, der Sie berät.

Vor dem Kauf bitte überlegen, für was Sie das Gerät tatsächlich verwenden wollen. Dann lesen Sie die Testergebnisse und beschaffen sich erst dann das Gerät. Wir hoffen, wir konnten Ihnen einige Tipps geben und wünschen Ihnen viel Freude an Ihrem Sandwichmaker.

Sandwichmaker brauchen nicht viel Platz, sie können problemlos im Schrank warten bis sie gebraucht werden. Der Kauf dieses Geräts lohnt sich dann, wenn Sie gerne Sandwich essen, Waffeln zubereiten oder gar kleinere Kuchen backen. Einige Geräte haben sogar eine integrierte Grillfunktion; das spart den Grill und damit auch Platz in der Küche.

Sandwichmaker gibt es in vielen verschiedenen Ausführungen und Größen. Die Toast-Platten, wenn man sie herausnehmen kann, können in der Regel in der Spülmaschine gereinigt werden. Interessant ist auch, dass einige Modelle eine integrierte Kabelaufwicklung haben, was einen Kabelsalat vermeidet. Die Größe spielt eine große Rolle; im Angebot sind Sandwichmaker mit zwei und vier Toast-Platten. Wählen Sie die Größe des Geräts nach den Personen in Ihrem Haushalt. Als Single und als Paar reicht für Sie ein kleineres Gerät, das zwei Platten hat, völlig aus. Wenn Sie eine Familie mit Kindern sind, dann sollte Sie sich für ein größeres Gerät entscheiden, das vier Platten hat. Dann können Sie in einem Arbeitsgang Ihre Familie mit köstlich belegten Sandwiches versorgen.

Nicht nur die Anzahl der Platten ist von Interesse, auch die Größe hat eine besondere Bedeutung. Platten mit den Maßen 13x13 cm sind ebenso im Angebot wie die Größen 25 x 12 cm. Wer sich einen großen Sandwichmaker anschaffen will, der kann sich bei einigen Modellen auf eine Grillfläche von 600 cm^2 freuen. Diese Größe ist insbesondere für die Grillfunktion interessant. Auch eine automatische Temperaturregelung ist von Vorteil; einige Geräte bieten diesen Komfort, der bedeutet: Sie legen Ihr Sandwich in den Sandwichmaker und dieser stellt automatisch die Temperatur ein. Wirklich super!

Hat das Gerät auch eine Grillfunktion sollte man auf die Leistung achten. Geräte mit 2.000 Watt sind nicht nur leistungsstark, sondern bieten sich für das optimale Grillen von Fleisch und Geflügel an.

Die 3 in 1 Sandwichmaker punkten durch ihre vielfältigen Einsatzmöglichkeiten. So ist es möglich mit einigen Modellen gefrorene Lebensmittel aufzutauen, Waffeln zubereiten und sogar backen. Nicht alle Geräte sind unter der Bezeichnung „Sandwichmaker“ auf dem Markt; einige auch unter der Bezeichnung „Kontaktgrill“. Ihnen steht also eine große Auswahl an Geräten mit verschiedenen Zusatzfunktionen zur Verfügung. Die Preise für einen Sandwichmaker oder Kontaktgrill liegen zwischen 25 Euro und 160 Euro. Es gibt auch schon Geräte, die nicht mehr als 12 Euro kosten. Diese sind allerdings nur mit einer Backplatte ausgestattet und eignen sich für Gebrauch im eigenen Heim. Das ist eine große Spanne; doch letztendlich kommt es darauf an, welche Qualität das Gerät und welche Funktionen neben Sandwich toasten noch vorhanden sind.

Vor dem Kauf überlegen Sie sich, wozu der von Ihnen gewünschte Sandwichmaker imstande sein soll. Die Auswahl auf dem Markt ist groß und wir sind sicher, dass Sie das Gerät finden, das Ihren Vorstellungen entspricht und die Funktionen hat, die Sie sich wünschen.

<u>Geschichte</u>

Ursprünglich waren es Broteisen, die hauptsächlich in Australien und Südafrika zum Einsatz kamen. Erst Anfang des 20. Jahrhundert wurde der elektrische Sandwichmaker „erfunden“, das Patent für dieses Gerät wurde von Charles Champion im Jahr 1925 angemeldet. Charles Champion erfand später die Popkornmaschine.

Die Glanzzeit vom Sandwichmaker begann allerdings erst 1974 durch die Firma Breville. Durch eine effektive Werbekampagne wurde der Sandwichmaker zu einem der begehrtesten Haushaltsgeräte weltweit. Im Laufe der Jahre wurde das Gerät mit der neuesten Technik versehen, erhielt immer mehr zusätzliche Funktionen und wurde sicherer gemacht. Die Zusatzfunktionen finden sich im 3 in 1 Sandwichmaker oder Kontaktgrill wieder. Eine wirkliche Veränderung des Grundprinzips hat sich trotz der modernen Technik auch im Laufe der vielen Jahren nicht wirklich verändert.

Die Geräte, die wir heute auf dem Markt finden, verfügen über eine sichere Elektrik und andere sicherheitsrelevanten Komponenten.

2. Vorteile

Beim Toasten mit dem Sandwichmaker werden die Ränder der oberen und unteren Scheibe verschweißt. Damit bleibt der Inhalt dort wo er sein soll – im Sandwich. Auch wenn man auf den Inhalt Soße verteilt; es läuft kein Tropfen heraus. Im Handumdrehen können Sie mit dem Sandwichmaker leckere Hauptgerichte, Zwischenmahlzeiten und Snacks zaubern. Überraschen Sie Ihre Familie mit Gemüse-Sandwiches oder Sandwiches mit Fleisch, Fisch, Bacon. Ihre Kinder freuen sich über Sandwiches, die einen süßen Inhalt haben, aber auch über Köstlichkeiten wie Pizzaecken oder Hot Dogs. Mit dem 3 in 1 Sandwichmaker sind diese Leckereien kein Problem.

Während man mit dem Toaster nur die Toastbrote toasten kann, schafft der Sandwichmaker belegte Sandwiches in optimaler Qualität. Die Einstellung der Zeit erleichtert ungemein den Bräunungsgrad zu bestimmen. Mit dem Sandwichmaker zaubern Sie schnell ein köstliches Mittagessen, ein schnelles Frühstück und ein leckeres Abendessen. Ideal ist ein Sandwichmaker auch wenn unangemeldet Besuch ins Haus kommt. Schnell können Sie Ihrem Besuch ein schmackhaftes Sandwich zubereiten.

Das Schöne am Sandwichmaker ist, dass man Toastbrot und Belag zusammen toasten kann. Beim üblichen Toaster ist dies nicht der Fall. Auch können Sie bei einem üblichen Toaster nicht mehr als Toastscheiben toasten; natürlich ohne Inhalt.

Im Gegensatz zur Herstellung von Sandwiches in der Pfanne braucht der Sandwichmaker kaum Fett; lediglich die Unter- und Oberseite der Brotscheiben werden eingefettet. Wer sein Sandwich in der Pfanne herstellt kann die beiden Toastbrote nicht miteinander fest verbinden: als Ergebnis läuft Soße, Ketchup und teilweise auch der Belag an den Rändern heraus.

Der Sandwichmaker verschweißt beide Toastbrote miteinander; so kann nichts auslaufen und man kann sein Sandwich problemlos mit ins Büro, in die Schule oder zum Picknick nehmen.

Wie man unschwer erkennen kann hat der Sandwichmaker viele Vorteile, insbesondere gegenüber dem herkömmlichen Toaster. Mit einem 3 in 1-Sandwichmaker können Sie sogar Grill und Backofen teilweise ersetzen. Es lohnt sich einen Sandwichmaker anzuschaffen. Das gilt besonders für den 3 in 1 Sandwichmaker oder Kontaktgrill. Nutzt man den Kontaktgrill ist es problemlos möglich Fleisch und Gemüse zu garen.

Für Haushalte, in denen Kinder vorhanden sind ist ein Sandwichmaker ein wahres Geschenk! Kinder wollen schnell mal was essen – was liegt da näher, als ein gesundes Sandwich zuzubereiten. Mit dem Sandwichmaker ist das Sandwich schnell fertig. Die beiden Toastbrote sind miteinander verschweißt; es läuft nichts heraus. Besonders bei Kinder ist dies ein großer Vorteil; das Sandwich kleckert nicht!

Fazit:

Mit dem Sandwichmaker zaubern Sie nicht nur leckere Sandwiches, sondern können auch für einen gesunden Belag sorgen.

Vergleich:

Im Internet finden Sie viele Beurteilen und Testberichte über Sandwichmaker. Getestet werden neben dem Umfang der Funktionen die Benutzerfreundlichkeit und natürlich auch das Preis-Leistungs-Verhältnis der verschiedenen Modelle.

Empfehlung:

Nutzen Sie diese Informationsquellen und machen Sie sich ein Bild von den verschiedenen Geräten. Achten Sie besonders darauf, dass Sie die Platten herausnehmen können und dass diese auch antihaftbeschichtet sind. Damit ist die Reinigung des Geräts um ein Vielfaches erleichtert.

Wichtig ist auch auf die Sicherheit zu achten, besonders wenn Kinder im Haushalt sind. Ein wärmeisolierter Griff sollte zur Standardausstattung gehören. Für mehr Komfort sorgen Schneide- und Verriegelungsfunktion.

Wer gerne Sandwiches mit viel Füllung genießt, für den ist ein Sandwichtoaster ohne Schneidefunktion und mit großen Platten ideal.

Kurze Zusammenfassung:

Auf folgende Kriterien ist beim Kauf zu achten:

- Antihaftbeschichtung

  Damit wird das Haftenbleiben des Sandwiches auf der Heizplatte verhindert. Außerdem ist die Reinigung der Heizplatten einfacher.

- Isolation

  Das Gehäuse des Geräts sollte sich nicht aufheizen. Die Cool-Touch-Funktion ist bei vielen Geräten vorhanden. Diese verhindert, dass Sie sich beim Bedienen die Finger verbrennen.

- Qualität

  Achten Sie auf Qualität und auf das Qualitätssiegel. Dieses Siegel finden Sie entweder auf dem Gerät oder auf der Verpackung. Nur ein Gerät, welches das Prüfsiegel hat ist sicher zu bedienen.

- Auslaufschutz

  Diese Funktion verhindert das Auslaufen des Belags vom Sandwich. Bei einigen preisgünstigen Geräten ist diese Funktion nicht vorhanden.

- Platten

  Die Platten sollten herausnehmbar sein. Auch sollten sie spülmaschinenfest sein. Das erleichtert die Reinigung der Platten und des Gerätes enorm.

3. Rezeptideen

Nachfolgend haben wir für Sie eine ganze Reihe köstlicher Rezepte für Sandwiches zusammengestellt. Wir haben unsere Rezeptwelt in Bereiche aufgeteilt, damit es Ihnen leichter fällt, Ihre Geschmacksrichtung zu finden.

In unserem Kapitel „3.1 Die Vielfalt der Sandwiches“ finden Sie Rezeptideen für Sandwiches, die schnell und einfach nachzumachen sind. Unser Kapitel 3.2 befasst sich mit Rezepten, in denen Wurst vorhanden ist. Des Weiteren haben wir alle Rezepte, in denen Fleisch eine Rolle spielt in unseren Bereich 3.3 aufgenommen.

Speck ist nicht gleich Fleisch; auch das mussten wir lernen. Deshalb haben wir für Bacon und Speck eine separate Rezeptwelt geschaffen, die Sie unter der Nummer 3.4 finden.

Köstliche Rezepte mit Fisch und Meeresfrüchten finden Sie in unserem Kapitel 3.5. Nicht nur für Vegetarier interessant ist unserem Kapitel 3.6, die sich ausschließlich mit Rezeptideen befasst, die nur Gemüse beinhalten. Fleisch, Wurst, Speck und Fisch kommen in diesen Rezepten nicht vor. Dafür aber viele köstliche Gemüsemischungen.

Es gibt nicht nur herzhafte und vegetarische Sandwich-Ideen, sondern auch süße Träume. Diese stellen wir Ihnen in unserem Bereich 3.7 vor. Im letzten Bereich, den Sie unter dem Kapitel 3.8 finden, stellen wir Ihnen Köstlichkeiten vor, die Sie mit dem Sandwichmaker nachmachen können.

Mit dem Sandwichmaker können Sie nicht nur Toastbrote verarbeiten, sondern auch Blätterteig. Dafür haben wir Ihnen einige Rezepte in Kapitel 3.8 zusammengestellt.

Bei unseren Rezeptideen waren wir bemüht für alle Geschmacksrichtungen das richtige Rezept zu finden. Ob uns das gelungen ist entscheiden Sie. Wir haben Sandwiches mit Gemüse, Wurst, Fleisch und Fisch sowie süße Träume für Sie zusammengestellt.

Wir hoffen, Sie haben ebenso viel Freude am Nachmachen wie wir und wünschen Ihnen einen guten Appetit.

3.1 Sandwiches mit Tomaten

In diesem Kapitel finden Sie Rezeptideen für sogenannte „übliche“ Sandwiches, deren Inhalt hauptsächlich aus Tomaten und Käse besteht. Doch wir haben auch in diesem Bereich einige Rezepte entdeckt, in denen mehr als Tomaten und Käse vorhanden ist. Lassen Sie sich überraschen!

Ciabatta

Portionen: 2

<u>Zutaten</u>

1 Ciabatta (zum Fertigbacken)

5 Tomaten

2 Knoblauchzehen

2 Kugeln Mozzarella

1 Paket Rucola

grüne Oliven

schwarze Oliven

TK-italienische Kräuter

Rapsöl

Salz

Pfeffer

Zubereitung

1. Tomaten waschen, entkernen, in Würfel schneiden.
2. Knoblauch abziehen, hacken.
3. Oliven halbieren.
4. Tomaten, Oliven und Knoblauch in eine Schüssel geben, mischen.
5. Kräuter zufügen, mischen.
6. Öl, Salz und Pfeffer zugeben, mischen, einige Minuten ruhen lassen.
7. Ciabatta halbieren, dann die Hälften durchschneiden.
8. Rucola waschen, abtropfen lassen, auf die Ciabatta-Hälften verteilen.
9. Mozzarella abtropfen lassen, in Scheiben schneiden, auf die Ciabatta-Hälften verteilen.
10. Das Ganze in den Sandwichtoaster geben, kross toasten.
11. Über die fertigen Ciabatta-Hälften die Tomaten-Mischung verteilen.
12. Nach Belieben Öl über das Ganze geben.

Sandwiches mit Tomaten und Mozzarella

Portionen: 2

Zutaten

4 Scheiben Toastbrot

12 EL stückige Tomaten

½ Kugel Mozzarella

2 Stiele Basilikum

Salz

Pfeffer

Zubereitung

1. Die Tomatenstücke auf zwei Toastbrote verteilen.
2. Basilikum abbrausen, trocken schütteln, Blättchen abzupfen, grob hacken.
3. Das gehackte Basilikum auf den Toast verteilen, würzen mit Salz und Pfeffer.
4. Mozzarella abtropfen lassen, halbieren, eine Hälfte in Scheiben schneiden, den Rest im Kühlschrank aufbewahren.
5. Mozzarella auf die Toastbrote verteilen.
6. Über das Ganze die restlichen Toastbrote legen.
7. Die Toastbrote in den Sandwichmaker geben, bräunen lassen.

Tomaten-Toast

Portionen: 2

Zutaten

4 Scheiben Sandwichtoast

1 Tomate

½ Kugel Mozzarella

1 Stiel frischer Basilikum

Olivenöl

Balsamico

Salz

Pfeffer

Zubereitung

1. Tomate waschen, in Scheiben schneiden.
2. Basilikum abbrausen, trocken schütteln, Blättchen abzupfen.
3. Mozzarella abtropfen lassen, in Scheiben schneiden.
4. Tomaten- und Mozzarella-Scheiben auf zwei Scheiben Toast verteilen.
5. Olivenöl, Balsamico in ein Schälchen geben.
6. Salz, Pfeffer zufügen, mischen.
7. Die Mischung über die belegten Toastbrote verteilen.
8. Basilikum darüber geben.
9. Mit den beiden restlichen Toastbroten das Ganze abdecken, in den Sandwichmaker geben und schön braun toasten.

Basilikum-Tomaten-Sandwich

Portionen: 3

Zutaten

½ Packung Sandwichtoastbrot

1 Kugel Mozzarella

1 Schale Cherrytomaten

1 Knoblauchzehe

1 Schale Rucola

½ Bund Basilikum

½ EL Pinienkerne

Olivenöl

Butter

etwas Balsamico

Zubereitung

1. Mozzarella abtropfen lassen, in Scheiben schneiden.
2. Tomaten waschen, in Scheiben schneiden.
3. Basilikum abbrausen, trocken schütteln, Blättchen abzupfen, grob hacken.
4. Knoblauch abziehen, würfeln.
5. Basilikum, Pinienkerne und Knoblauch in einen Mixer geben.
6. Olivenöl, Salz und Pfeffer zufügen.
7. Das Ganze zu einer cremigen Masse mixen.
8. Die Toastbrot-Scheiben auf eine Arbeitsfläche legen.
9. Die Außenseiten der Scheiben vorsichtig mit Butter bestreichen.
10. Die Hälfte der Toastbrot-Scheiben auf der Innenseite mit der Basilikum-Knoblauchlauch-Creme bestreichen.

11. Auf diese Toastbrot-Scheiben Tomaten und Mozzarella verteilen.
12. Darüber einige Tropfen der Basilikum-Creme geben.
13. Die andere Hälfte der Toastbrot-Scheiben auf die belegten Scheiben legen.
14. Das Ganze in den Sandwichtoaster geben, kross toasten.
15. Rucola abbrausen, trocken schütteln.
16. Rucola auf drei Teller verteilen, die übrigen Tomatenscheiben darüber verteilen.
17. Balsamico sparsam über die Rucola-Tomaten-Mischung geben.
18. Die Sandwiches auf die Teller legen und genießen.

Ziegenkäse-Tomaten-Sandwich

Portionen: 2

<u>Zutaten</u>

4 Scheiben Vollkorn-Sandwichtoast

100 g Tomaten

50 g Schalotten

50 g Ziegenkäse oder Camembert

30 g Frühlingszwiebeln

10 g Butter

Sambal Oelek

Salz

Pfeffer

Zubereitung

1. Schalotten abziehen, würfeln.
2. Tomaten waschen, entkernen, würfeln.
3. Frühlingszwiebeln abziehen, in feine Ringe scheiden.
4. Butter in einer Pfanne erhitzen.
5. Schalotten zufügen, anschwitzen.
6. Frühlingszwiebeln und Tomaten zugeben, erhitzen.
7. Würzen mit Sambal Oelek, Salz und Pfeffer.
8. Käse zufügen, mischen.
9. Das Ganze solange erhitzen, bis sich der Käse mit der Tomaten-Zwiebel-Mischung verbunden hat, dann abkühlen lassen.
10. Zwei Sandwich-Scheiben mit der Käse-Tomaten-Mischung bestreichen.
11. Die anderen Toastbrot-Scheiben auf die bestrichenen Scheiben legen.
12. Die Toastbrote in den Sandwichmaker geben, 5 Minuten toasten.

Eiertoast

Portionen:2

Zutaten

4 Scheiben Buttertoast

3 Eier

2 EL Crème fraîche

1 Packung Frischkäse

1 EL Butter

½ Kästchen Kresse

Salz

Pfeffer

1 EL Kapern

Zubereitung

1. Eier hart kochen, abschrecken, pellen, beiseite stellen.
2. Mit dem Eierschneider die Eier einmal quer und einmal längs fein würfeln.
3. Frischkäste mit Crème fraîche in eine Schüssel geben, verrühren.
4. Würzen mit Salz und Pfeffer.
5. Kresse abbrausen, Blättchen abschneiden, zur Käsemischung geben.
6. Kapern in ein Siebgeben, abtropfen lassen, fein hacken, zur Käsemischung geben.
7. Die Eier zufügen; das Ganze gut vermischen, evtl. nachwürzen.
8. Die vier Toastbrot-Scheiben mit Butter bestreichen.
9. Auf zwei Brote die Ei-Mischung verteilen.
10. Mit den restlichen beiden Toastbroten abdecken, die Ränder andrücken und diagonal halbieren.

11. In den Sandwichmaker legen, 5 Minuten toasten.

Tomaten-Toast mit Mozzarella

Portionen:2

Zutaten

4 Scheiben Vollkorn-Sandwichtoast

1 Packung Doppelrahm-Frischkäse

1 Frühlingszwiebel

1 Tomate

1 Kugel Mozzarella

1 EL Sahne

Salz

Pfeffer

Zubereitung

1. Frühlingszwiebel abziehen, in Ringe schneiden.
2. Tomate abwaschen, mit Küchenkrepp trocken reiben, Stielansatz entfernen, dann in Scheiben schneiden.
3. Mozzarella abtropfen, in Scheiben schneiden.
4. Frischkäse und Sahne in eine Schüssel geben, mischen.
5. Zwiebelringe zufügen, mischen.
6. Würzen mit Salz und Pfeffer.
7. Auf zwei Toastbrote die Käsecreme streichen.

8. Tomatenscheiben und Mozzarella abwechselnd auf die Käsecreme legen.
9. Würzen mit Salz und Pfeffer.
10. Mit den beiden anderen Toastbrot-Scheiben das Ganze abdekken, in den Sandwichmaker geben, 6 Minuten kross toasten.

Sandwich mit Käsecreme

Portionen: 2

<u>Zutaten</u>

4 Scheiben Vollkorntoast

125 g Camembert

1 Zwiebel

½ Bund Schnittlauch

2 EL Butter

½ TL Kümmel

edelsüßer Paprika

Salz

Pfeffer

<u>Zubereitung</u>

1. Zwiebel abziehen, hacken.
2. Schnittlauch abbrausen, trocken schütteln, in feine Röllchen schneiden.
3. Camembert mit einer Gabel zerdrücken, in eine Schüssel geben.

4. Butter zufügen, mischen.
5. Zwiebel, Schnittlauch zufügen, mischen.
6. Kräftig würzen mit Salz, Pfeffer, Kümmel und Paprika.
7. Auf zwei Toastbrot-Scheiben die Käsecreme verteilen.
8. Mit den restlichen Brotscheiben abdecken, Rand leicht andrücken, diagonal halbieren und im Sandwichmaker 7 Minuten toasten.

Sandwich mit Pesto

Portionen: 2

Zutaten

4 Scheiben Sandwichtoast

1 Fleischtomate

2 EL Pesto (Glas)

2 EL geriebener Parmesan

Salz

Pfeffer

Zubereitung

1. Pesto auf die Sandwichtoast-Scheiben verteilen.
2. Tomate waschen, in Scheiben schneiden.
3. Die Tomatenscheiben auf zwei Toastbrote verteilen.
4. Mit Salz und Pfeffer würzen.
5. Parmesan über das Ganze streuen.

6. Die restlichen Brotscheiben über das Ganze legen, Rand leicht andrücken, diagonal halbieren, im Sandwich-Toaster 6 Minuten toasten.

Sandwich mit Feigen

Portionen: 4

Zutaten

8 Scheiben Dreikorn-Toast

200 g Roquefort

4 frische Scheiben

2 EL Crème fraîche

Pfeffer

Zubereitung

1. Roquefort in eine Schüssel geben, mit der Gabel auseinanderzupfen.
2. Crème fraîche zufügen, untermischen.
3. Würzen mit Pfeffer.
4. Feigen abbrausen, mit Küchenkrepp trocken tupfen, die Haut abziehen (bitte ein scharfes Messer verwenden),
5. Feigen in Scheiben schneiden.
6. Alle Toastbrot-Scheiben mit Roquefort-Mischung bestreichen.
7. Auf vier Brotscheiben die Feigen verteilen.
8. Mit den restlichen Brotscheiben das Ganze abdecken, Rand leicht andrücken, diagonal halbieren und im Sandwichmaker 6 Minuten kross toasten.

Sandwich griechische Art

Portionen: 4

Zutaten

8 Scheiben Sandwichtoast

200 g griechischer Schafskäse

1 rote Paprika

1 Knoblauchzehe

2 EL Butter

1 EL Sauerrahm

1 EL entsteinte schwarze Oliven

½ TL Oregano

Salz

Pfeffer

Zubereitung

1. Knoblauch abziehen.
2. Käse in eine Schüssel geben, zerkleinern.
3. Sauerrahm zufügen, mischen.
4. Knoblauch zur Käse-Sauerrahm-Mischung pressen, mischen.
5. Würzen mit Salz, Pfeffer und Oregano.
6. Oliven in Scheiben schneiden.
7. Paprika waschen, entkernen, weiße Fruchthäute entfernen, würfeln.

8. Paprika und Oliven zur Käse-Mischung geben, mischen.
9. Die Toastbrote mit Butter bestreichen.
10. Die Käse-Sauerrahm-Mischung auf zwei Toastbrote verteilen.
11. Die restlichen Brotscheiben darüber legen, Rand andrücken, diagonal halbieren, im Sandwichmaker 5 Minuten toasten.

Sandwich mit Omelett und Paprika

Portionen:2

Zutaten

4 Scheiben Sandwichtoast

2 Scheiben Mozzarella

1 Paprika

3 Eier

½ rote Zwiebel

2 EL fettreduzierte Milch

1 EL Olivenöl

Salz

Pfeffer

Zubereitung

1. Eine beschichtete Pfanne mit dem Olivenöl erhitzen.
2. Zwiebel abziehen, würfeln.
3. Paprika waschen, entkernen, weiße Fruchthäute entfernen, würfeln.

4. Paprika und Zwiebel in die Pfanne geben, 5 Minuten anbraten.
5. Eier in eine kleine Schüssel aufschlagen, verquirlen, würzen mit Salz und Pfeffer.
6. Die Hitze beim Herd reduzieren, die Eimasse zufügen, braten.
7. Das Omelett aus der Pfanne nehmen, in vier Teile teilen.
8. Zwei Omelett-Teile auf zwei Toastbrote verteilen.
9. Auf das Omelett eine Scheibe Käse legen, darauf die restlichen Omelett-Teile verteilen.
10. Über das Ganze die restlichen Brotscheiben legen, in den Sandwichmaker geben, toasten bis die grüne Taste blinkt.

Pesto-Mozzarella

Portionen:1

Zutaten

2 Scheiben Sandwichtoast

2 Cocktailtomaten

1 Kugel Mozzarella

1 Stiel Basilikum

3 EL Pesto

Salz

Pfeffer

Olivenöl

Zubereitung

1. Die Toastscheiben mit Pesto bestreichen.
2. Mozzarella in Scheiben schneiden.
3. Tomaten waschen, in Scheiben schneiden.
4. Mozzarella und Tomaten auf dem Toastbrot verteilen, würzen mit Salz und Pfeffer.
5. Basilikum abbrausen, trocken schütteln, Blättchen abzupfen, auf dem Sandwich verteilen.
6. Die restliche Brotscheibe auf das Ganze legen.
7. Mit Olivenöl die Platte vom Sandwichmaker bestreichen.
8. Das Sandwich in den Sandwichmaker legen, 5 Minuten toasten.

leichtes Tomaten-Sandwich

Portionen: 1

Zutaten

2 Scheiben Sandwichtoast

3 Cocktailtomaten

30 g Mozzarella light

1 Stiel Basilikum

3 EL Pesto

Salz

Pfeffer

Olivenöl

Zubereitung

1. Die Toastscheiben mit Pesto bestreichen.
2. Mozzarella in Scheiben schneiden.
3. Tomaten waschen, in Scheiben schneiden.
4. Mozzarella und Tomaten auf dem Toastbrot verteilen, würzen mit Salz und Pfeffer.
5. Basilikum abbrausen, trocken schütteln, Blättchen abzupfen, auf dem Sandwich verteilen.
6. Die restliche Brotscheibe auf das Ganze legen.
7. Mit Olivenöl die Platte vom Sandwichmaker bestreichen.
8. Das Sandwich in den Sandwichmaker legen, 5 Minuten toasten.

Brie mit Walnüssen

Portionen:4

Zutaten

8 Scheiben Vollkorn-Sandwichtoast

200 g Brie

60 g Walnusskerne

2 Feigen

2 EL Honig

Salz

schwarzer Pfeffer

Zubereitung

1. Brie in schmale Scheiben schneiden.
2. Feigen waschen, trocken tupfen, Haut entfernen, in Scheiben schneiden.
3. Walnusskerne hacken.
4. Eine beschichtete Pfanne ohne Fett erhitzen, Walnüsse zufügen, rösten.
5. Auf vier Sandwichscheiben je eine Scheibe Brie legen.
6. Darüber Feigen und Walnüsse verteilen.
7. Mit Honig beträufeln.
8. Würzen mit Salz und Pfeffer.
9. Das Ganze mit den restlichen Toastscheiben abdecken, in den Sandwichmaker geben und 5 Minuten toasten.

Mozzarella mit Basilikum

Portionen:4

Zutaten

8 Scheiben Sandwichtoast

12 Kirschtomaten

50 g schwarze Oliven

1 Kugel Mozzarella

4 Stiele Basilikum

4 EL Balsamico-Crème

Salz

schwarzer Pfeffer

Zubereitung

1. Mozzarella abtropfen lassen, in Scheiben schneiden.
2. Tomaten waschen, in Scheiben schneiden.
3. Basilikum abbrausen, trocken schütteln, Blättchen abzupfen.
4. Oliven in Scheiben schneiden.
5. Auf vier Scheiben Toastbrot Tomaten, Mozzarella und Oliven verteilen.
6. Basilikum über das Ganze streuen.
7. Mit Balsamico beträufeln, würzen mit Salz und Pfeffer.
8. Die restlichen Toastscheiben auf das Ganze legen, in den Sandwichmaker geben, 5 Minuten toasten.

Sandwich mit Camembert

Portionen: 4

Zutaten

8 Scheiben Vollkorn-Sandwichtoast

1 Camembert

2 Tomaten

125 g Rucola

2 Stiele Basilikum

250 g Schalotten

40 g brauner Zucker

20 g Butter

150 ml trockener Rotwein

50 ml Aceto balsamico

Salz

Pfeffer

<u>Zubereitung</u>

1. Schalotten abziehen, halbieren, in Streifen schneiden.
2. Eine beschichtete Pfanne erhitzen, Zucker zufügen, karamellisieren lassen.
3. Schalotten und Butter um Rühren zufügen.
4. Ablöschen mit Balsamico und Rotwein.
5. Das Ganze köcheln lassen bis es eine sämige Konsistenz hat.
6. Würzen mit Salz und Pfeffer.
7. Tomaten waschen, in Scheiben schneiden.
8. Rucola abbrausen, harte Stiele entfernen, grob zerkleinern.
9. Camembert in Scheiben schneiden.
10. Alle Brotscheiben mit Butter bestreichen.
11. Auf vier Scheiben die Zwiebel-Mischung verteilen.
12. Darauf Camembert und Tomatenscheiben legen.
13. Darüber Rucola verteilen.

14. Die restlichen Brotscheiben auf das Ganze legen, Ränder andrücken, diagonal halbieren, im Sandwichmaker 5 Minuten toasten.

3.2 Sandwiches mit Wurst

Wurst ist nicht nur in Deutschland eines der beliebtesten Nahrungsmittel. Gerne werden Brotschnitten mit Wurst belegt; Sandwiches machen da keine Ausnahme! Wurstliebhaber finden in diesem Kapitel köstliche Sandwiches mit Wurst und Schinken. Es lohnt sich, hier mal reinzuschauen!

Sandwich mit Salami

Portionen: 2

<u>Zutaten</u>

4 Scheiben Sandwich-Toast

2 Scheiben Salami

2 Scheiben Schmelzkäse

1 Tomate

1 Zwiebel

1 hartgekochtes Ei

1 Gewürzgurke

1 TL Tomatenmark

1 TL Senf

1 TL Mayonnaise

Zubereitung

1. Das hartgekochte Ei in Scheiben schneiden.
2. Gewürzgurke in Scheiben schneiden.
3. Zwiebel abziehen, in Ringe schneiden.
4. Tomaten waschen, in Scheiben schneiden.
5. Die vier Toastbrot-Scheiben mit Senf, Tomatenmark und Mayonnaise bestreichen.
6. Auf zwei Toastbrot-Scheiben eine Scheibe Salami legen.
7. Auf die Salami je eine Scheibe Gurke, Ei und Tomate sowie Zwiebelringe legen.
8. Über das Ganze eine Scheibe Käse legen.
9. Die beiden nicht belegten Toastbrot-Scheiben auf die belegten Scheiben legen.
10. Das Ganz in den Sandwichmaker geben, kross toasten.

Sandwich mit Rohschinken

Portionen: 2

Zutaten

3 große Scheiben Graubrot

4 Scheiben große Scheiben Gouda mit Pfeffer

4 Scheiben Rohschinken

20 g Frischkäse

2 Tomaten

Öl

Salz

grüner Pfeffer

<u>Zubereitung</u>

1. Vom Graubrot die Rinde abschneiden.
2. Tomaten waschen, in Scheiben schneiden.
3. Alle Brotscheiben mit Frischkäse bestreichen.
4. Auf zwei Brotscheiben je eine Scheibe Gouda legen.
5. Auf den Käse Tomatenscheiben verteilen.
6. Würzen mit Salz und Pfeffer.
7. Über das Ganze wieder Käsescheiben legen.
8. Die beiden nicht belegten Brotscheiben auf das Ganze geben.
9. Den Sandwichmaker mit etwas Öl einpinseln.
10. Die Sandwiches in den Sandwichmaker geben, kross toasten.

Sandwich mit Schinken und Rucola

Portionen: 3

<u>Zutaten</u>

16 Scheiben Sandwich-Toast

8 Scheiben Gouda

8 Scheiben gekochten Schinken

78 Scheiben Rucola

1 Bund Lauchzwiebeln

1 Camembert

1 Glas Aioli mit Kräutern

Zubereitung

1. Rucola abbrausen, trocken schütteln, Blätter vom Stiel abzupfen.
2. Lauchzwiebeln abziehen, in Ringe schneiden.
3. Camembert in Scheiben schneiden.
4. 8 Scheiben Toastbrot mit Schinken, Rucola, Zwiebeln und Käse belegen.
5. Aioli über den Käse streichen.
6. Die restlichen 8 Brotscheiben auf das Ganze legen.
7. Die Sandwiches in den Sandwichmaker geben, toasten bis der Käse verläuft

Sandwich mit geräuchertem Schinken

Portionen: 2

Zutaten

8 Scheiben Sandwichtoast

2 Scheiben geräucherten Schinken

2 Scheiben Gruyère

2 TL Senf

2 TL Mayonnaise

2 TL Waldhonig

Butter

Salz

Pfeffer

<u>Zubereitung</u>

1. Acht Toastbrot-Scheiben mit Butter bestreichen.
2. Vier Brotscheiben mit Senf und Mayonnaise bestreichen.
3. Auf die vier Brotscheiben Schinken und Gruyère verteilen.
4. Würzen mit Salz und Pfeffer.
5. Die restlichen Brotscheiben auf die belegten Scheiben legen.
6. Das Ganze in den Sandwichmaker geben, kross toasten.
7. Auf die noch heißen Sandwiches Honig verteilen.

Sandwich mit Rohschinken und Gurke

Portionen: 2

<u>Zutaten</u>

4 Scheiben Sandwichtoast

4 Scheiben Rohschinken

6 Blätter Romanasalat

2 Tomaten

40 g Gewürzgurken

30 g Frischkäse

30 g Mayonnaise

20 g getrocknete, in Öl eingelegte Tomaten

Salz

schwarzer Pfeffer

Zubereitung

1. Gewürzgurken würfeln.
2. Die getrockneten Tomaten würfeln.
3. Beides in eine Schüssel geben.
4. Frischkäse, Mayonnaise zufügen, mischen.
5. Würzen mit Salz und Pfeffer.
6. Auf alle Brotscheibe die Mischung verteilen.
7. Eine beschichtete Pfanne erhitzen, Rohschinken zufügen, anrösten.
8. Tomate waschen, in Scheiben schneiden.
9. Salat abbrausen, trocken schütteln.
10. Auf zwei Brotscheiben die Tomatenscheiben verteilen, mit Pfeffer würzen.
11. Auf die Tomaten die Salatblätter legen.
12. Auf den Salat den Schinken legen.
13. Das Ganze mit den restlichen 2 Brotscheiben bedecken.
14. Die Sandwiches in den Sandwichmaker geben, knusprig toasten.

Sandwich mit Kochschinken

Portionen: 2

Zutaten

4 Scheiben Sandwichtoast

2 Scheiben Kochschinken

2 kleine Karotten

50 g Gorgonzola

50 g Frischkäse

2 TL TK-Schnittlauch

Salz

schwarzer Pfeffer

Zubereitung

1. Karotten putzen, schälen, in feine Streifen schneiden (geht ganz gut mit einem Sparschäler).
2. Einen Topf mit Salzwasser zum Kochen bringen.
3. Karotten-Streifen zufügen, 3 Minuten blanchieren, abgießen, abschrecken, abtropfen lassen.
4. Gorgonzola und Frischkäse in eine Schüssel geben, mischen.
5. Schnittlauch zufügen, mischen.
6. Würzen mit Salz und Pfeffer.
7. 2 Sandwich-Scheiben mit der Käsemasse bestreichen.
8. Darauf je eine Scheibe Schinken legen.

9. Karotten auf die beiden Scheiben verteilen.
10. Mit Pfeffer würzen.
11. Das Ganze in den Sandwichtoaster geben, kross toasten.

Sandwich mit Kochschinken und Ananas (Toast Hawaii)

Portionen: 4

<u>Zutaten</u>

8 Scheiben Sandwichtoast

4 Scheiben Kochschinken

4 Scheiben Ananas (aus der Dose)

4 Scheiben Schmelzkäse

4 Kirschen

Remoulade

Margarine oder Butter

<u>Zubereitung</u>

1. Sandwichmaker vorheizen.
2. Ananas in ein Sieb geben, abtropfen lassen.
3. Vier Scheiben Toastbrot mit Kochschinken belegen,
4. Darauf Remoulade verteilen.
5. Auf die Remoulade je eine Scheibe Ananas und eine Kirsche legen.
6. Über das Ganze je eine Scheibe Käse legen.
7. Das Ganze in den Sandwichmaker geben, goldbraun toasten.

Sandwich mit Salami und Kräutern der Provence

Portionen: 2

<u>Zutaten</u>

4 Scheiben Sandwichtoast

6 Scheiben Salami

2 Scheiben Gouda

2 Knoblauchzehen

2 Gewürzgurken

2 TL Sojasauce

Kräuter der Provence

rosenscharfes Paprikapulver

Curry

Senf

Tabasco

<u>Zubereitung</u>

1. Knoblauch abziehen, in Scheiben schneiden.
2. Gewürzgurke in längliche Scheiben schneiden.
3. Beide Seiten der Brotscheiben mit Senf bestreichen.
4. Eine Seite mit Salami belegen.
5. Auf die Salami Knoblauch, Gurke, Kräuter der Provence verteilen.
6. Würzen mit Curry, Paprika und Tabasco.

7. Über das Ganze eine Scheibe Käse legen.
8. Das Ganze mit den restlichen beiden Brotscheiben abdecken.
9. In den Sandwichmaker legen, kross toasten.

Sandwich mit Wiener Würstchen

Portionen: 2

Zutaten

4 Scheiben Amerikanischer Sandwichtoast

2 Essiggurken

2 Wiener Würstchen

2 Scheiben Schmelzkäse

2 EL Ketchup

2 EL Röstzwiebeln

2 TL mittelscharfer Senf

Zubereitung

1. Wiener Würstchen in Scheiben schneiden.
2. Zwei Brotscheiben mit Senf bestreichen, die anderen beiden Scheiben mit Ketchup.
3. Auf die Toastbrot-Scheiben mit Senf die Wiener Würstchen verteilen.
4. Gurken hacken, auf die Würstchen verteilen.
5. Röstzwiebeln darüber geben.
6. Die Brotscheiben, die mit Ketchup bestrichen sind, auf das Ganze legen.

7. Das Ganze in den Sandwichmaker geben, kross toasten.

Sandwich mit Bierwurst

Portionen: 2

Zutaten

8 Scheiben Sandwichtoast

8 Scheiben Salatgurke

4 dickere Scheiben Bierwurst

4 Scheiben Käse mit Chili-Paprika

20 g Kräuterbutter

schwarzer Pfeffer

Zubereitung

1. Gurkenscheiben halbieren.
2. Die Toastbrot-Scheiben in den Sandwichmaker legen.
3. Auf jede Scheibe ¼ der Kräuterbutter platzieren.
4. Um die Butter die halben Gurkenscheiben legen.
5. Würzen mit Pfeffer.
6. Darüber eine Scheibe Bierwurst und zum Schluss den Käse legen.
7. Mit den nicht belegten Toastbrot-Scheiben das Ganze abdekken.
8. Sandwichmaker schließen, kross toasten.

Sandwich mit Schinken und Käse

Portionen: 4

Zutaten

8 Scheiben Dreikorn-Toastbrot

200 g gekochter Schinken

100 g geriebener Gouda

4 EL zimmertemperierte Butter

1 Bund Schnittlauch

Muskat

Salz

Pfeffer

Zubereitung

1. Den Fettrand vom Schinken abschneiden; Schinken würfeln.
2. Schnittlauch abbrausen, trocken schütteln, in Röllchen schneiden.
3. Butter in eine Schüssel geben.
4. 50 g Käse zufügen, mischen.
5. Schnittlauch zugeben, untermischen.
6. Würzen mit Salz und Pfeffer, mit Muskat abschmecken.
7. Auf vier Toastbrot-Scheiben die Buttermischung verteilen.
8. Schinken darüber legen.

9. Den restlichen Käse über das Ganze verteilen.
10. Abdecken mit den restlichen Brotscheiben, Rand leicht andrücken, diagonal halbieren, im Sandwichmaker 7 Minuten toasten.

Sandwich mit Salami und Basilikum

Portionen: 2

Zutaten

4 Scheiben Sandwichtoast

2 Scheiben Salami

4 Scheiben Mozzarella

4 Basilikum-Blätter

1 EL Tomatenmark

1 EL Pesto

Salz

Pfeffer

Butter

Zubereitung

1. Mozzarella abtropfen lassen, vier Scheiben abschneiden.
2. Basilikum abbrausen, vier Blättchen abzupfen.
3. Die Toastbrote mit Pesto bestreichen.
4. Mozzarella und Salami auf die Brote verteilen.
5. Würzen mit Salz und Pfeffer.
6. Die Basilikum-Blätter darüber verteilen.

7. Die Brotscheiben aufeinander legen; die obere und untere Scheibe mit Butter bestreichen.
8. Das Ganze in den Sandwichmaker geben, toasten bis das grüne Licht am Sandwichmaker blinkt.

Toast Hawaii mit Schinken

Portionen: 1

Zutaten

2 Scheiben Sandwichtoast

1 große Scheibe gekochten Schinken

1 Scheibe Ananas

1 Scheibe Gouda

etwas Butter

Zubereitung

1. Auf die Außenseiten der Toastbrote Butter streichen.
2. Auf eine Toastbrot-Scheibe den Schinken legen.
3. Wenn Sie eine frische Ananas verwenden: Ananas schälen, eine Scheibe abschneiden, auf den Schinken legen.
4. Darüber die Scheibe Gouda legen.
5. Mit der restlichen Toastbrot-Scheibe abdecken, Ränder andrücken, im Sandwichmaker 5 Minuten goldbraun toasten.

Sandwich mit Schwarzwälder Schinken

Portionen: 2

Zutaten

4 Scheiben Sandwichtoast

4 Scheiben Bergkäse

50 g Schwarzwälder Schinken

Pfeffer

Butter

Zubereitung

1. Die Brotscheiben mit Butter bestreichen.
2. Auf die Scheiben Schwarzwälder Schinken und Käse verteilen.
3. Würzen mit Pfeffer.
4. Die Toastbrot-Scheiben aufeinander legen, mit Butter beide Seiten bestreichen.
5. Das Ganze in den Sandwichmaker geben, 6 Minuten toasten.

Sandwich italienische Art

Portionen: 2

Zutaten

4 Scheiben Sandwichtoast

50 g gekochten Schinken

2 getrocknete, in Öl eingelegte Tomaten

4 Scheiben Mozzarella

1 EL Tomatenmark

1 EL Pesto a la Genovese

4 Basilikum-Blätter

Salz

Pfeffer

Butter

<u>Zubereitung</u>

1. Tomaten abtropfen lassen, in Scheiben schneiden.
2. Toastbrote mit Pesto und Tomatenmark bestreichen.
3. Schinken und Mozzarella darauf verteilen.
4. Basilikum-Blätter darauf geben.
5. Würzen mit Salz und Pfeffer.
6. Die Brote aufeinander legen, mit Butter von beiden Seiten bestreichen.
7. Das Ganze in den Sandwichmaker geben, solange toasten lassen bis die Kontrolllampe grünes Licht gibt.

Sandwich mit Parmaschinken und Rucola

Portionen: 2

<u>Zutaten</u>

4 Scheiben Sandwichtoast

4 Scheiben Parmaschinken

4 Kirschtomaten

6 entkernte schwarze Oliven

1 Kugel Mozzarella

Rucola

Olivenöl

Balsamico

Salz

Pfeffer

Zubereitung

1. Rucola abbrausen, die harten Stiele abschneiden, grob zerkleinern.
2. Mozzarella abtropfen lassen, in Scheiben schneiden.
3. Oliven in Scheiben schneiden.
4. Tomaten abspülen, trocken tupfen, in Scheiben schneiden.
5. Toastbrot mit etwas Olivenöl beträufeln.
6. Auf zwei Toastbrot-Scheiben die Tomaten verteilen.
7. Würzen mit Salz, Pfeffer und Balsamico.
8. Darüber die Mozzarella-Scheiben legen.
9. Darauf kommen die Oliven und danach der Parmaschinken.
10. Nach Belieben nachwürzen.
11. Die nicht belegten Brotscheiben über das Ganze legen, Ränder andrücken, diagonal halbieren, im Sandwichmaker 5 Minuten toasten.

3.3 Sandwiches mit Fleisch

Mit dem Sandwichmaker ist es kein Problem, sein Sandwich mit Fleisch zu belegen. Wir haben für Sie eine Vielzahl verschiedener Rezeptideen zusammengestellt, in denen Fleisch zum Belag des Sandwiches gehört. Ob Kassler, Braten, Steak oder Hackfleisch – die Möglichkeiten sind enorm.

Sandwich mit Kasseler

Portionen: 2

Zutaten

4 Scheiben Vollkorn-Sandwichtoast

8 Scheiben Tomaten

4 Scheiben Kasseler Lachs

2 Scheiben Gouda mit Pfeffer

4 TL Senf

4 TL Ketchup

Salz

schwarzer Pfeffer

Zubereitung

1. Alle Brotscheiben mit Senf und Ketchup bestreichen.
2. Kasseler auf zwei Toast-Scheiben verteilen.
3. Tomatenscheiben darüber legen.
4. Würzen mit Salz und Pfeffer.
5. Mit den nicht belegten Brotscheiben das Ganze abdecken.

6. In den Sandwichmaker geben, goldbraun toasten.

Sandwich mit Hack

Portionen: 2

Zutaten

150 g Hackfleisch

50 g Tomatenmark

4 Scheiben Sandwich-Toastbrot

2 Scheiben Gouda

Olivenöl

Salz

Pfeffer

Oregano

Butter

Zubereitung

1. Öl in eine Pfanne geben, erhitzen.
2. Hackfleisch zufügen, krümelig braten.
3. Kräftig mit Salz, Pfeffer und Oregano würzen.
4. Tomatenmark und etwas Wasser zufügen, mischen.
5. Alle Brotscheiben mit Butter bestreichen.
6. Auf 2 Toastbrot-Scheiben das Hackfleisch verteilen.
7. Darüber den Käse legen.

8. Mit den restlichen beiden Brotscheiben das Ganze abdecken.
9. Die Sandwiches in den Sandwichmaker geben, kross toasten.

Sandwich mit Hähnchen

Portionen: 4

Zutaten

8 Scheiben Sandwichtoast

220 g Hühnerbrustfilets

200 g Champignons

2 Knoblauchzehen

1 Bund Petersilie

4 EL Olivenöl

4 EL Kräuterbutter

Salz

Pfeffer

Zubereitung

1. Hühnerbrust abspülen, trocken tupfen.
2. Öl in eine beschichtete Pfanne geben, erhitzen.
3. Fleisch zufügen, rundum anbraten.
4. Würzen mit Salz und Pfeffer.
5. Bei mittlerer Temperatur das Fleisch 10 Minuten garen.
6. Champignons putzen, abbrausen, in Scheiben schneiden.

7. Knoblauch abziehen.
8. Petersilie abbrausen, trocken schütteln, Blättchen abzupfen, hacken.
9. Fleisch aus der Pfanne nehmen, in Scheiben schneiden, beiseite stellen.
10. Pilze in das Bratfett geben, 5 Minuten braten.
11. Knoblauch durch Presse zu den Pilzen pressen, Petersilie zufügen, mischen.
12. Würzen mit Salz und Pfeffer.
13. Alle Toastbrot-Scheiben mit Kräuterbutter bestreichen.
14. Vier Scheiben mit Hühnerbrust-Scheiben belegen.
15. Pilze darüber geben.
16. Die nicht belegten Brotscheiben über das Ganze legen, diagonal halbieren, im Sandwichmaker 8 Minuten kross toasten.

Sandwich mit Schweinefilet

Portionen: 2

<u>Zutaten</u>

4 Scheiben Sandwichtoast

150 g Schweinefilet

1 Apfel

1 Frühlingszwiebel

2 EL Butter

1 EL Öl

1 EL geriebener Käse

1 TL Senf

1 TL Zitronensaft

½ TL Majoran

Salz

Pfeffer

Zubereitung

1. Schweinefilet häuten, Fett abschneiden, abspülen, trocken tupfen, in acht Scheiben schneiden.
2. Apfel schälen, vom Kerngehäuse befreien, vierteln, in dünne Längsspalten schneiden, mit Zitronensaft beträufeln.
3. Frühlingszwiebel abziehen, in Ringe schneiden.
4. Öl in eine beschichtete Pfanne geben, erhitzen.
5. Fleisch zufügen, gut 1 Minuten anbraten.
6. Würzen mit Salz und Pfeffer.
7. Fleisch aus der Pfanne nehmen, beiseite stellen.
8. Zwiebel ins Bratfett geben, 3 Minuten dünsten.
9. Würzen mit Salz, Pfeffer und Majoran.
10. Butter mit Käse und Senf mischen.
11. Auf die Toastbrot-Scheiben die Buttermischung verteilen.
12. Die Fleisch-Scheiben auf zwei Brotscheiben verteilen.
13. Darüber die Apfel-Zwiebelmischung geben.

14. Mit den restlichen Brotscheiben das Ganze abdecken, diagonal halbieren, im Sandwichmaker 7 Minuten toasten.

Sandwich mit Pute

Portionen: 2

Zutaten

4 Scheiben Vollkorn-Toast

100 g Putenbrust in Scheiben

1 Banane

3 EL Frischkäse

2 EL Crème fraîche

1 EL Sesamsamen

1 TL Curry

1 TL Zitronensaft

Salz

Pfeffer

Zubereitung

1. Banane Schälen, in schräge Scheiben schneiden, mit Zitronensaft beträufeln.
2. Käse, Crème fraîche in eine Schüssel geben, Sesam, Curry zufügen, mischen.
3. Würzen mit Salz und Pfeffer.
4. Mit der Currycreme die Toastbrot-Scheiben bestreichen.

5. Auf zwei Scheiben die Putenbrust verteilen.
6. Abdecken mit den restlichen Brotscheiben, Ränder leicht andrücken, diagonal halbieren, im Sandwichtoaster 6 Minuten toasten.

Sandwich mit Rinderhackfleisch

Portionen: 2

<u>Zutaten</u>

4 Scheiben Sandwichtoast

150 g Rinderhackfleisch

50 g geriebener Emmentaler

1 Zwiebel

1 Knoblauchzehe

½ Bund Petersilie

2 EL Tomatenmark

2 EL Butter

1 EL Öl

Cayennepfeffer

Salz

Pfeffer

<u>Zubereitung</u>

1. Zwiebel abziehen, hacken.
2. Öl in eine beschichtete Pfanne geben, erhitzen.

3. Zwiebel zufügen, glasig dünsten.
4. Knoblauch abziehen, durch die Presse zu den Zwiebeln pressen.
5. Hackfleisch zufügen, mischen.
6. Das Ganze bei mittlerer Temperatur krümelig braten.
7. Tomatenmark zufügen, unterrühren.
8. Würzen mit Salz, Pfeffer und Cayennepfeffer.
9. Petersilie abbrausen, trocken schütteln, Blättchen abzupfen, hacken, zum Hackfleisch geben, mischen.
10. Käse zufügen, untermischen.
11. Die vier Scheiben Toastbrot mit Butter bestreichen.
12. Auf zwei Scheiben die Hack-Mischung verteilen.
13. Die restlichen Brotscheiben auf das Ganze legen, Rand etwas andrücken, diagonal halbieren, im Sandwichmaker 6 Minuten toasten.

Sandwich mit Rumpsteak

Portionen: 2

<u>Zutaten</u>

4 Scheiben American-Sandwichtoast

400 g Rumpsteak

200 g Cheddar

1 Zwiebel

1 Knoblauchzehe

1 grüne Paprika

4 EL Olivenöl

Salz

Pfeffer

Nach Belieben Röstzwiebeln

<u>Zubereitung</u>

1. Zwiebel abziehen, halbieren, in Scheiben schneiden.
2. Knoblauch abziehen, hacken.
3. Paprika waschen, entkernen, weiße Fruchthäute entfernen, in Streifen schneiden.
4. Rumpsteak abspülen, trocken tupfen, in dünne Scheiben schneiden.
5. In eine beschichtete Pfanne 2 EL Olivenöl geben, erhitzen.
6. Paprika, Zwiebel und Knoblauch zufügen, braten.
7. Würzen mit Salz und Pfeffer.
8. Den Pfanneninhalt auf einen Teller geben, beiseite stellen.
9. Das restliche Olivenöl zum Bratfett geben, erhitzen.
10. Die Fleischscheiben zufügen, braten. Während des Bratens das Fleisch zerkleinern.
11. Die Paprika-Zwiebel-Mischung zum Fleisch geben, mischen.
12. Käse zufügen, schmelzen lassen.

13. Auf 2 Toastbrot-Scheiben den Pfanneninhalt verteilen.
14. Die restlichen Brotscheiben darüber legen, Ränder andrücken. das Ganze im Sandwichmaker 6 Minuten toasten.

Sandwich mit Hähnchenbrustfilet

Portionen: 4

Zutaten

8 Scheiben Sandwichtoast

150 g Hähnchenbrustfilets

4 Scheiben Frühstücksspeck

4 Salatblätter

1 Avocado

½ Limette

1 EL Mayonnaise

2 EL Ketchup

1 EL Sonnenblumenöl

Curry

Salz

Pfeffer

Zubereitung

1. Hähnchenbrust mit Salz und Pfeffer würzen.
2. Eine Pfanne mit Öl erhitzen, Hähnchenbrust zufügen, kräftig anbraten, garen lassen, dann in Scheiben schneiden.

3. In eine weitere Pfanne Frühstücksspeck geben, erhitzen, knusprig braten.
4. Limette auspressen, Saft auffangen.
5. Avocado entsteinen, Fruchtfleisch auslösen, in Scheiben schneiden, mit Limettensaft beträufeln.
6. Würzen mit Salz und Pfeffer.
7. Die Salatblätter waschen, trocken tupfen.
8. Vier Scheiben Toastbrot mit Ketchup bestreichen.
9. Darüber das Fleisch und den Speck verteilen.
10. Das Ganze mit Mayonnaise bestreichen.
11. Avocado-Scheiben darüber verteilen.
12. Auf die Avocado ein Salatblatt legen.
13. Das Ganze mit den restlichen Toastbrot-Scheiben abdecken, Ränder gut andrücken, im Sandwichmaker 6 Minuten toasten.

Sandwich mit Hähnchenbrust und Salat

Portionen: 4

Zutaten

250 g Hähnchenbrustfilet

8 Scheiben Toastbrot

4 Blätter Eisbergsalat

2 Scheiben Speck

1 Avocado

1 Fleischtomate

1 TL Cayennepfeffer

1 TL Pfeffer

1 TL Salz

1 TL Paprika

100 g Frischkäse

50 g Cheddar

1 EL Tomatenmark

1 TL Salz

1 TL Pfeffer

1 TL Tabasco

1 TL Worcestersauce

<u>Zubereitung</u>

1. Salatblätter waschen, trocken tupfen, in acht Stücke schneiden.
2. Tomate waschen, in acht Scheiben schneiden.
3. Avocado entsteinen, Fruchtfleisch auslösen, in Streifen schneiden.
4. Hähnchenbrust abspülen, trocken tupfen, würzen mit Salz, Pfeffer, Paprika und Cayennepfeffer; in dünne Scheiben schneiden.
5. Wenig Öl in eine beschichtete Pfanne geben, Speck zufügen, knusprig braten, auf Küchenkrepp legen.

6. Hähnchenbrust flachklopfen (geht gut mit dem Fleischklopfer und dem Nudelholz).
7. Im Bratfett vom Speck das Fleisch geben, braten.
8. Tomatenmark, Frischkäse in eine Schüssel geben.
9. Tabasco, Worcestersauce, Salz und Pfeffer zufügen, verrühren.
10. Die Käse-Mischung auf die Brotscheiben verteilen.
11. Darauf je ein Salatblatt, zwei Tomatenscheiben und Avocado geben.
12. Das Ganze etwas glatt streichen.
13. Als nächstes das Fleisch und den Speck legen; mit etwas Käse bestreuen.
14. Die restlichen Toastbrot-Scheiben auf das Ganze legen, in den Sandwichmaker geben, 6 Minuten toasten.

Sandwich mit Rinderfilet

Portionen: 2

<u>Zutaten</u>

4 Scheiben Toastbrot

1 Avocado

200 g Rinderfilet

2 TL Maille Dijonnaise Senf

1 Zitrone

6 Cornichons

Petersilie

Salz

Zubereitung

1. Avocado entsteinen, Fruchtfleisch auslösen, in eine Schüssel geben, zerdrücken.
2. Zitrone auspressen, den Saft über die Avocado träufeln.
3. Den Senf zufügen, mischen.
4. Würzen mit Salz.
5. Rinderfilet abspülen, trocken tupfen.
6. Eine beschichtete Pfanne erhitzen, Rinderfilet zufügen, braten, dann aus der Pfanne nehmen, abkühlen lassen, in Scheiben schneiden.
7. Cornichons in längliche Scheiben schneiden.
8. Petersilie abbrausen, trocken schütteln, Blättchen abzupfen.
9. Die Avocado-Mischung auf 2 Toastbrot-Scheiben verteilen.
10. Darauf das Fleisch legen.
11. Cornichons darüber verteilen, würzen mit Salz, Pfeffer.
12. Mit Petersilie bestreuen.
13. Die restlichen Toastbrote über das Ganze legen, Ränder andrücken, in den Sandwichmaker legen, 6 Minuten toasten.

Sandwich mit Pastrami

Portionen: 2

Zutaten

4 Scheiben American-Toastbrot

200 g Pastrami in Scheiben

150 g Cheddar in Scheiben

1 rote Zwiebel

3 Essiggurken

2 TL Mayonnaise

Butter

Pfeffer

Zubereitung

1. Zwiebel abziehen, würfeln.
2. Gurken würfeln.
3. Die Sandwiches auf einer Seite mit Butter bestreichen.
4. Auf die Seite ohne Butter je einen Teelöffel Mayonnaise geben.
5. Darauf Pastrami und Käse verteilen.
6. Zwiebel und Gurken auf dem Käse verteilen.
7. Würzen mit Pfeffer.
8. Die restlichen Brotscheiben auf das Ganze legen, die Ränder andrücken, im Sandwichmaker 6 Minuten toasten.

Sandwich mit Putenbrust

Portionen: 1

Zutaten

2 Scheiben Körnertoast

3 Scheiben Putenbrust

1 Scheibe Schmelzkäse light

Ketchup

Zubereitung

1. Eine Toastbrot-Scheibe mit Ketchup bestreichen.
2. Darauf Putenbrust und Käse verteilen.
3. Die restliche Scheibe auf das Ganze legen, Rand andrücken, im Sandwichmaker 5 Minuten toasten.

Sandwich mit Hähnchenbrust und Ananas

Portionen: 2

Zutaten

125 g Hähnchenbrustfilet

4 Scheiben Toastbrot

4 Blätter Eisbergsalat

1 Avocado

2 Scheiben Ananas (Dose)

1 Fleischtomate

1 TL Cayennepfeffer

1 TL Pfeffer

1 TL Salz

1 TL Paprika

100 g Frischkäse

50 g Cheddar

1 EL Tomatenmark

1 TL Salz

1 TL Pfeffer

1 TL Tabasco

1 TL Worcestersauce

<u>Zubereitung</u>

1. Salatblätter waschen, trocken tupfen, in vier Stücke schneiden.
2. Tomate waschen, in vier Scheiben schneiden.
3. Avocado entsteinen, Fruchtfleisch auslösen, in Streifen schneiden.
4. Hähnchenbrust abspülen, trocken tupfen, würzen mit Salz, Pfeffer, Paprika und Cayennepfeffer; in dünne Scheiben schneiden.
5. Ananas abtropfen lassen.
6. Hähnchenbrust in Scheiben schneiden.
7. Eine Pfanne erhitzen, das Fleisch zufügen, braten.
8. Tomatenmark, Frischkäse in eine Schüssel geben.
9. Tabasco, Worcestersauce, Salz und Pfeffer zufügen, verrühren.

10. Die Käse-Mischung auf die Brotscheiben verteilen.
11. Darauf je ein Salatblatt, zwei Tomatenscheiben und Avocado geben.
12. Als nächstes das Fleisch und die Ananas legen.
13. Die restlichen Toastbrot-Scheiben auf das Ganze legen, in den Sandwichmaker geben, 6 Minuten toasten.

Sandwich mit Rucola und Apfel

Portionen: 2

Zutaten

250 g Hähnchenbrust

4 Scheiben Sandwichtoast

2 Frühlingszwiebeln

2 Stangen Staudensellerie

1 Bund Rucola

¼ Bund Schnittlauch

½ Apfel

20 g Butter

3 EL Schmand

3 EL Salatmayonnaise

¼ TL Chiliflocken

Zitronensaft

Öl

Salz

Pfeffer

Zubereitung

1. Hähnchenbrust abspülen, trocken tupfen, klein schneiden.
2. Würzen mit Salz und Pfeffer.
3. In eine beschichtete Pfanne Öl geben, erhitzen.
4. Fleisch zufügen, bei mittlerer Temperatur garen, dann aus der Pfanne nehmen, beiseite stellen.
5. Staudensellerie putzen, würfeln.
6. Apfel waschen, entkernen, würfeln.
7. Frühlingszwiebeln abziehen, in schräge Ringe schneiden.
8. Sellerie und Frühlingszwiebeln in eine Schüssel geben, mischen.
9. Schmand, Mayonnaise zufügen, mischen.
10. Schnittlauch abbrausen, trocken schütteln, in Ringe schneiden, zur Sellerie-Zwiebel-Mischung geben, mischen.
11. Würzen mit Salz, Pfeffer, abschmecken mit Chiliflocken und Zitronensaft.
12. Apfelwürfel zufügen, mischen.
13. Toastbrot mit Butter bestreichen.
14. Auf zwei Brotscheiben Hähnchenfleisch verteilen.

15. Die Gemüsemischung darüber verteilen.
16. Die beiden restlichen Toastbrote auf das Ganze legen, Ränder andrücken, diagonal halbieren, im Sandwichmaker 6 Minuten toasten.

Sandwich mit Hähnchenbrust und Pfirsich

Portionen: 2

Zutaten

4 Scheiben Sandwichtoast

100 g Hähnchenbrustfilet

3 Scheiben Cheddar

1 Pfirsich

Curry

100 g Salatcreme

30 g Schmand

1 EL Zitronensaft

1 TL Curry

Salz

Pfeffer

Kurkuma

Zucker

Zubereitung

1. Pfirsich waschen, entsteinen, in Scheiben schneiden.

2. Öl in eine beschichtete Pfanne geben, erhitzen.
3. Hähnchenbrust zufügen, anbraten, dann in Scheiben schneiden.
4. <u>Creme</u>
5. Salatcreme und Schmand in eine Schüssel geben, mischen.
6. Würzen mit Salz, Pfeffer, Kurkuma, Curry und Zucker, mit Zitronensaft abschmecken.
7. Auf zwei Toast-Scheiben abwechselnd Käse, Hähnchenbrust und Pfirsich verteilen.
8. Die restlichen Brotscheiben auf das Ganze legen, Ränder andrücken, diagonal halbieren, im Sandwichmaker 7 Minuten toasten.
9. Sandwich mit Currycreme servieren.

Sandwich mit Braten

Portionen: 2

<u>Zutaten</u>

4 Scheiben Vollkorn-Toastbrot

4 Scheiben Rinderschmorbraten

1 Tomate

1 Zwiebel

4 Scheiben Salatgurke

200 ml Sauce vom Braten

1 EL Barbecue-Sauce

5 TL Saucenbinder (dunkel)

Zubereitung

1. Sauce in einen Topf geben, erhitzen.
2. Saucenbinder zufügen, Sauce binden, abkühlen lassen.
3. Barbecue-Sauce zufügen, mischen.
4. Tomate waschen, in Scheiben schneiden.
5. Gurke waschen, vier Scheiben abschneiden.
6. Zwiebel abziehen, in Ringe schneiden.
7. Auf zwei Toastbrote etwas Sauce verstreichen.
8. Darauf je 2 Scheiben Braten geben.
9. Darauf Tomaten, Gurke, Zwiebeln verteilen.
10. Noch etwas Sauce.
11. Mit den restlichen Brotscheiben das Ganze abdecken, Ränder andrücken, diagonal halbieren, im Sandwichmaker 6 Minuten toasten.

Sandwich mit Tatar

Portionen: 2

Zutaten

4 Scheiben Sandwichtoast

150 g Tatar

60 g Mayonnaise

20 g Staudensellerie

20 g Cornichons

1 Eigelb

½ Zwiebel

½ EL Kapern

Kresse

Salz

Pfeffer

Zubereitung

1. Zwiebel abziehen, würfeln.
2. Kresse abbrausen, grob hacken.
3. Cornichons würfeln.
4. Staudenstellerie waschen, Fäden abziehen, würfeln.
5. Kapern abtropfen lassen, hacken.
6. Zwiebel, Cornichons, Sellerie und Kapern in eine Schüssel geben, Tatar zufügen.
7. Eigelb zugeben.
8. Würzen mit Salz und Pfeffer.
9. Das Ganze zu einem Fleischteig verkneten.
10. Zwei Toastbrote mit Mayonnaise bestreichen.
11. Reichlich Kresse über die Mayonnaise verteilen.
12. Tatar auf die beiden Toastbrote verteilen; darüber nochmals Kresse streuen.

13. Die übrigen Toastbrote auf die Tatar-Brote legen, Ränder andrücken, diagonal halbieren, im Sandwichmaker 6 Minuten toasten.

Sandwich mit Hähnchenbrust und Bacon

Portionen: 3

Zutaten

6 Scheiben Vollkorn-American-Toast

3 Scheiben Müritzer Käse

6 Scheiben Bacon

3 Scheiben Mozzarella

100 g Hähnchenbrustfilet

1 Zucchino

1 Karotte

50 g Crème fraîche

Thymian

Oregano (gerebelt)

3 EL fein gehackte Petersilie

2 EL Zucker

Zubereitung

1. Möhre waschen, in halbe Scheiben schneiden.
2. Zucchino waschen, Stielansatz entfernen, in halbe Scheiben schneiden.

3. Olivenöl in eine beschichtete Pfanne geben, Zucchini zufügen, anbraten, aus der Pfanne nehmen, beiseite stellen.
4. In das Bratfett die Möhre geben, anbraten.
5. Zucker zufügen, karamellisieren lasen; aus der Pfanne nehmen, beiseite stellen.
6. Hähnchenbrust abbrausen, trocken tupfen, in das Bratfett geben, anbraten, aus der Pfanne nehmen, in schräge Streifen schneiden.
7. In einer weiteren beschichteten Pfanne die Baconstreifen ohne Fett kross braten.
8. Crème fraîche in eine Schüssel geben, Petersilie und Oregano zufügen, gut vermischen.
9. Drei Toastbrot-Scheiben mit Ketchup bestreichen.
10. Darauf Möhren, Mozzarella, Müritzer Käse, Hähnchenbrust und Zucchini verteilen.
11. Über das Ganze die Baconstreifen verteilen.
12. Mit den restlichen Toastbrot-Scheiben abdecken, Rand andrücken, diagonal halbieren, im Sandwichtoaster 7 Minuten toasten.

Sandwich Pulled Pork

Portionen: 4

Zutaten

400 g Schweinebraten (Reste)

8 Scheiben Vollkorntoast

4 Scheiben Cheddar

2 rote Zwiebeln

1 Paprika

5 EL zimmerwarme Butter

100 g Barbecue Sauce

Zubereitung

1. Braten in mundgerechte Stücke zerkleinern.
2. Brühe in einen Topf geben, erhitzen.
3. Bratenstücke zufügen, kurz erhitzen, dann beiseite stellen.
4. Paprika waschen, entkernen, weiße Fruchthäute entfernen, würfeln.
5. Zwiebeln abziehen, in Ringe schneiden.
6. Toast-Scheiben auf einer Seite mit Butter bestreichen.
7. Vier Brotscheiben mit der Butterseite auf ein Brett legen.
8. Bratenstücke darauf verteilen.
9. Paprika und Zwiebel darüber verteilen.
10. Barbecue-Sauce über das Ganze verteilen.
11. Cheddar darüber legen.
12. Die restlichen Scheiben mit nicht bebutterten Seite nach oben auf das Ganze legen.
13. Ränder andrücken, die Sandwiches diagonal halbieren, im Sandwichmaker 6-8 Minuten knusprig toasten.

3.4 Sandwiches mit Speck

Speck ist nicht gleich Fleisch – so die Meinung vieler Menschen. Wir tragen dieser Meinung Rechnung und haben für Sandwiches mit Bacon ein separates Kapitel eingerichtet. In diesem Kapitel finden Sie eine Reihe Rezeptideen, in denen Bacon / Speck die Hauptrolle spielt.

Sandwich mit Bacon

Portionen: 2

Zutaten

4 Scheiben Sandwichtoast

2 Scheiben Bacon

1 Zwiebel

2 EL Crème fraîche

Salz

Pfeffer

Butter

Zubereitung

1. Bacon in Streifen schneiden.
2. Zwiebel abziehen, in Ringe schneiden.
3. In eine beschichtete Pfanne Butter geben, erhitzen.
4. Zwiebel zufügen, glasig dünsten.
5. Bacon zufügen, anbraten.
6. Pfanne vom Herd nehmen, abkühlen lassen.

7. In die Pfanne Crème fraîche geben, unterrühren.
8. Würzen mit Salz und Pfeffer.
9. Zwei Toastbrot-Scheiben mit der Bacon-Zwiebel-Mischung bestreichen, den Rand nicht bestreichen.
10. Die nicht belegten Toastbrot-Scheiben auf die belegten Scheiben legen.
11. Das Ganze im Sandwichmaker goldbraun toasten.

Sandwich mit Bacon und Röstzwiebeln

Portionen: 2

Zutaten

2 Brötchen zum Aufbacken

75 g Bacon

2 EL Röstzwiebeln

60 g geriebener Gouda

50 ml BBQ-Sauce

Gyrosgewürz

Zubereitung

1. Die Brötchen auf eine Arbeitsfläche legen, mit dem Nudelholz ausrollen.
2. Bacon klein schneiden.
3. Die ausgerollten Brötchen halb mit Bacon belegen.
4. Darüber den Käse streuen.

5. Über das Ganze BBQ-Sauce geben.
6. Darüber Röstzwiebeln streuen.
7. Die nicht belegte Brötchenhälfte über die belegte Hälfte klappen, dabei die Ränder fest andrücken.
8. Das Ganze in den Sandwichtoaster geben, Deckel nicht zu fest schließen.
9. Die Sandwiches kross toasten.

Sandwich mit Speck, Salat und Tomaten

Portionen:4

Zutaten

8 Scheiben Sandwichtoast

12 Scheiben Frühstücksspeck

4 Salatblätter

2 Tomaten

2 EL Mayonnaise

2 EL Butter

Zubereitung

1. Salatblätter waschen, trocken tupfen.
2. Tomaten waschen, Stielansatz entfernen, in Scheiben schneiden.
3. Eine beschichtete Pfanne ohne Fett erhitzen.
4. Den Speck zufügen, knusprig braten.

5. Speck aus der Pfanne nehmen, auf Küchenkrepp legen, beiseite stellen.
6. Vier Scheiben Toast mit Mayonnaise bestreichen.
7. Auf jede Scheibe ein Salatblatt legen.
8. Auf dem Salat die Tomatenscheiben verteilen.
9. Darauf die Speckscheiben legen.
10. Die restlichen Toast-Brote über das Ganze geben, in den Sandwichmaker legen, kross toasten.

Sandwich mit Schinkenspeck und italienisches Toastbrot

Portionen: 6

Zutaten

12 Scheiben Tramezzini Toast

6 Eier

6 Gewürzgurken

250 g Schinkenspeck

1 Packung Frischkäse

1 ½ EL Mayonnaise

Salz

Pfeffer

Zubereitung

1. Eier hart kochen, pellen, in Scheiben schneiden.

2. Auf 6 Scheiben Toastbrot die Mayonnaise und den Frischkäse verstreichen.
3. Darauf die Eischeiben verteilen.
4. Über die Eier Schinkenspeck und Gurken legen.
5. Würzen mit Salz und Pfeffer.
6. Die restlichen Brotscheiben über das Ganze legen, Ränder andrücken, im Sandwichmaker 6 Minuten goldbraun toasten.

Sandwich mit Speck mit Ei und Avocado

Portionen: 2

Zutaten

4 Scheiben Vollkorntoast

8 Streifen Speck

2 Eier

1 Zwiebel

2 Scheiben Bergkäse

½ Avocado

Butter

Öl

Zubereitung

1. Zwiebel abziehen, in Streifen schneiden.
2. Speck kurz abbrausen, trocken tupfen, in Streifen schneiden.

3. Das Öl in eine beschichtete Pfanne geben, Speck und Zwiebel zufügen, anbraten, aus der Pfanne nehmen, auf Küchenkrepp legen.
4. In das Bratfett die Eier aufschlagen, zu Rührei verarbeiten.
5. Avocado entsteinen, Fruchtfleisch auslösen, auf einen Teller geben, zerdrücken.
6. Zwei Scheiben Toast mit Käse belegen.
7. Über den Käse Avocado verteilen, darauf Rührei geben.
8. Auf dem Ei Speck und Zwiebeln verteilen.
9. Die restlichen Brotscheiben auf das Ganze legen, mit Butter bestreichen, Ränder andrücken, im Sandwichmaker 6 Minuten toasten.

Sandwich mit Speck und Tomaten

Portionen: 2

<u>Zutaten</u>

4 Scheiben Sandwichtoast

6 Scheiben Bacon

1 Fleischtomate

100 g Emmentaler in Scheiben

20 g Butter

1 ½ EL Öl

Salz

Pfeffer

Zubereitung

1. 1 TL Öl in eine beschichte Pfanne geben, erhitzen.
2. Bacon zufügen, knusprig braten, aus der Pfanne nehmen, auf Küchenkrepp legen, ruhen lassen.
3. Tomate waschen, in 6 Scheiben schneiden.
4. Auf alle vier Sandwich-Scheiben eine Scheibe Käse leben.
5. Auf zwei Scheiben Bacon verteilen.
6. Darauf Tomaten verteilen.
7. Würzen mit Salz und Pfeffer.
8. Mit den restlichen Toast-Scheiben abdecken, Ränder andrükken, diagonal halbieren, im Sandwichmaker 5 Minuten toasten.

3.5 Sandwiches mit Fisch

Es muss nicht immer Fleisch und Wurst sein; ein Sandwich mit Fisch ist genau so köstlich und daneben auch gesund. Fisch enthält viele gesunde Fettsäuren, die unser Körper braucht. Deshalb haben wir für Fisch ein eigenes Kapitel geschaffen und für Sie köstliche Rezeptideen zusammengestellt.

Sandwich mit Räucherlachs

Portionen: 2

Zutaten

4 Scheiben Sandwichtoast

100 g Räucherlachs

60 g Mozzarella

8 Cocktailtomaten

2 Bund Rucola

6 TL Olivenöl

2 TL Weißweinessig

Salz

schwarzer Pfeffer

Balsamico

Limettensaft

Zubereitung

1. Zwei Scheiben Toast auf eine Arbeitsfläche legen.
2. Mozzarella abtropfen lassen, in Scheiben schneiden.
3. Rucola abbrausen, trocken schütteln, grob zerkleinern
4. Je eine Scheibe Räucherlachs auf die beiden Toastbrot-Scheiben legen.
5. Darüber Mozzarella geben.
6. Würzen mit Salz und Pfeffer.
7. Die zweite Scheibe Räucherlachs auf über das Ganze geben.
8. Mit den nicht belegten Brotscheiben das Ganze abdecken und in den Sandwichtoaster geben.
9. Rucola und Tomaten auf zwei Teller anrichten, Limettensaft und Balsamico darüber geben, würzen mit Salz und Pfeffer.

10. Den Toast zu Rucola und Tomaten geben.

Sandwich mit Forelle

Portionen: 2

Zutaten

½ rote Paprika

125 g geräuchertes Forellenfilets

½ Bund Dill

200 ml Crème fraîche

8 Scheiben Sandwichtoast

Zubereitung

1. Paprika waschen, entkernen, weiße Fruchthäute entfernen, fein hacken.
2. Dill abbrausen, Spitzen abzupfen, fein hacken.
3. Forellenfilets evtl. entgräten, klein schneiden.
4. Alles in eine Schüssel geben, mischen.
5. Crème fraîche zufügen, gründlich mischen.
6. Die Creme gleichmäßig auf vier Scheiben Toast verstreichen.
7. Mit den nicht bestrichenen Brotscheiben abdecken und in den Sandwichtoaster geben, goldbraun toasten.

Sandwich mit Krabben

Portionen: 2

Zutaten

4 Scheiben Sandwich-Vollkorntoast

100 g gegarte und gepulte Krabben

1 Zitrone

10 g Butter

2 Schalotten

2 Zweige Dill

2 Scheiben Räucherkäse

Salz

Pfeffer

Zubereitung

1. Schalotte abziehen, würfeln.
2. Zitrone abwaschen, die Schale abreiben.
3. In eine beschichtete Pfanne die Butter geben, Schalotte zufügen, glasig dünsten.
4. Zitronenschale zugeben, anschwitzen.
5. Den Pfanneninhalt auf 2 Scheiben Toastbrot verteilen.
6. Dill abbrausen, hacken, auf die Brotscheiben verteilen.
7. Krabben abspülen, abtropfen lassen, auf die beiden Scheiben verteilen.
8. Würzen mit Salz und Pfeffer.
9. Den Räucherkäse über das Ganze legen.

10. Mit den nicht belegten Toast-Scheiben abdecken, in den Sandwichmaker geben, 5 Minuten toasten.

Sandwich mit Räucherforelle

Portionen:2

Zutaten

4 Scheiben Sandwichtoast

150 g geräuchertes Forellenfilet

1 Packung Doppelrahmfrischkäse

½ Kästchen Kresse

2 EL Meerrettich (Glas)

2 EL Crème fraîche

Cayennepfeffer

Zitronensaft

Salz

Pfeffer

Zubereitung

1. Käse und Crème fraîche in eine Schüssel geben, mischen.
2. Zitronensaft und Meerrettich zufügen, mischen.
3. Würzen mit Salz, Pfeffer, mit Cayennepfeffer pikant abschmecken.
4. Kresse abbrausen, Blättchen zur Käse-Mischung geben, mischen.

5. Die Creme auf alle vier Toast-Scheiben streichen.
6. Mit einer Gabel das Forellenfilet klein zupfen, auf zwei Toastbrote verteilen.
7. Die restlichen Toastbrote über das Ganze legen, in den Sandwichtoaster geben, 6 Minuten toasten.

Sandwich mit Thunfisch

Portionen: 2

Zutaten

1 Dose Thunfisch in Öl

1 kleine Zwiebel

1 Fleischtomate

4 Scheiben Vollkorn-Sandwichtoast

½ Bund Basilikum

2 EL Butter

1 EL Crème fraîche

Zitronensaft

Salz

Pfeffer

Zubereitung

1. Thunfisch abtropfen, in eine Schüssel geben, mit einer Gaben zerkleinern.
2. Tomate waschen, in kleine Würfel schneiden.

3. Zwiebel abziehen, hacken.
4. Tomate und Zwiebel zum Thunfisch geben, mischen.
5. Crème fraîche zufügen, vermischen.
6. Würzen mit Salz und Pfeffer, mit Zitronensaft abschmecken.
7. Zwei Toastbrot-Scheiben mit Butter bestreichen.
8. Die Thunfisch-Mischung auf die beiden Brotscheiben verteilen.
9. Die anderen Toastbrot-Scheiben auf die bestrichenen Scheiben legen, den Rand etwas andrücken, diagonal halbieren, in den Sandwichmaker legen, 5 Minuten toasten.

Sandwich mit Krabben nach norddeutscher Art

Portionen: 2

Zutaten

4 Scheiben Sandwichtoast

1 Dose Krabben im eigenen Saft

2 Eier

2 EL Butter

2 EL Tomatenmark

1 EL Crème fraîche

½ Bund Dill

Curry

Salz

Pfeffer

Zubereitung

1. Krabben in ein Sieb geben, abschütten, abtropfen lassen.
2. Dill abbrausen, trocken schütteln, abzupfen, hacken.
3. Krabben und Dill in eine Schüssel geben, mischen.
4. Crème fraîche in eine Schüssel geben.
5. Eier in der Schüssel aufschlagen, mit Crème fraîche verquirlen.
6. Würzen mit Salz, Pfeffer und Curry.
7. Butter in eine beschichtete Pfanne geben, erhitzen.
8. Die Eimasse zufügen.
9. Krabben zugeben, mischen.
10. Das Ganze unter ständigem Rühren stocken lassen.
11. Die Brotscheiben mit Tomatenmark bestreichen.
12. Auf zwei Scheiben die Krabbenmischung verteilen.
13. Mit den restlichen Toastbrot-Scheiben abdecken, Rand andrücken, diagonal halbieren, im Sandwichmaker 4 Minuten toasten.

Sandwich mit Thunfisch und Zwiebel

Portionen: 2

Zutaten

4 Scheiben Sandwichtoast

2 Stiele Dill

½ rote Zwiebel

½ Dose Thunfisch in Olivenöl

2 EL Frischkäse

1 EL Mayonnaise

1 TL Zitronensaft

1 TL Zitronenschale

Salz

Pfeffer

Öl

Zubereitung

1. Zwiebel abziehen, würfeln.
2. Dill abbrausen, trocken schütteln, Blättchen abzupfen, hacken.
3. Thunfisch abtropfen lassen, in eine Schüssel geben.
4. Zwiebel und Dill zufügen, mischen.
5. Würzen mit Salz und Pfeffer.
6. Auf zwei Scheiben Toastbrot den Thunfisch-Mix verteilen.
7. Den Abschluss bilden die restlichen Brotscheiben.
8. Mit dem Öl den Sandwichmaker einpinseln, Sandwiches in den Sandwichmaker geben, goldbraun toasten.

Sandwich mit Thunfisch und Avocado

Portionen: 2

<u>Zutaten</u>

4 Scheiben Sandwichtoast

4 Kirschtomaten

1 Avocado

½ Dose Thunfisch im eigenen Saft

1 Kugel Mozzarella

1 EL geröstete Zwiebeln

Butter

<u>Zubereitung</u>

1. Tomaten waschen, in Scheiben schneiden.
2. Mozzarella abtropfen lassen, in Scheiben schneiden.
3. Avocado entsteinen, Fruchtfleisch auslösen, zerquetschen.
4. Alle vier Toastbrote mit Butter bestreichen.
5. Auf zwei Toastbrote Avocado verteilen.
6. Auf die Avocado den Käse legen; darüber den Thunfisch verteilen.
7. Den Schluss bilden Tomatenscheiben und Röstzwiebeln.
8. Die restlichen beiden Toastbrote auf das Ganze legen, Ränder andrücken, im Sandwichmaker 6 Minuten toasten.

Sandwich mit Thunfisch und Kapern

Portionen: 6

Zutaten

12 Scheiben Sandwichtoast

1 Dose Thunfisch im eigenen Saft

1 Zwiebel

1 Selleriestange

1 Stiel Petersilie

3 EL Mayonnaise

2 EL Frischkäse

2 TL Zitronensaft

2 TL Kapern

Salz

Pfeffer

Butter

Zubereitung

1. Thunfisch in ein Sieb geben, abtropfen lassen.
2. Zwiebel abziehen, in Scheiben schneiden.
3. Kapern hacken.
4. Sellerie gründlich putzen, evtl. Fäden ziehen, klein schneiden.

5. Petersilie abbrausen, trocken schütteln, Blättchen abzupfen, hacken.
6. Thunfisch, Zwiebel, Sellerie, Kapern und Petersilie in eine Schüssel geben, mischen.
7. Würzen mit Salz und Pfeffer.
8. Frischkäse, Mayonnaise, Kapern und Zitronensaft zufügen, vermischen.
9. Die Brotscheiben auf einer Seite mit Butter bestreichen,
10. Auf zwei Scheiben den Thunfisch-Mix verteilen.
11. Die restlichen Brotscheiben über das Ganze legen, Ränder andrücken, im Sandwichmaker 6 Minuten toasten.

Sandwich mit Thunfisch mit Gurken

Portionen: 1

Zutaten

2 Scheiben Körnertoast

30 g fettreduzierter Frischkäse

½ Dose Thunfisch im eigenen Saft

Gurkenscheiben

1 TL Zwiebelwürfel

Salz

Pfeffer

Zubereitung

1. Gurke waschen, in feine Streifen schneiden.

2. Thunfisch abtropfen lassen, in eine Schüssel geben.
3. Frischkäse und Zwiebel zufügen; das Ganze durch vermischen.
4. Würzen mit Salz und Pfeffer.
5. Auf eine Toastbrot-Scheibe den Thunfisch-Mix verteilen, Gurkenscheiben darüber legen.
6. Mit der restlichen Brotscheibe das Ganze abdecken, Rand andrücken, im Sandwichmaker 5 Minuten toasten.

Sandwich mit Curry und Thunfisch

Portionen: 4

<u>Zutaten</u>

8 Scheiben Sandwichtoast

4 eingelegte Peperoni (Glas)

4 Scheiben Gouda

1 rote Zwiebel

1 EL Curry

100 g Frischkäse

1 Dose Thunfisch im eigenen Saft

Salz

Pfeffer

<u>Zubereitung</u>

1. Zwiebel abziehen, in Ringe schneiden.
2. Thunfisch abtropfen lassen.

3. Frischkäse in eine Schüssel geben, Curry und Salz zufügen, zu einer glatten Creme verrühren.
4. Peperoni kurz abtropfen lassen, dann in Ringe schneiden.
5. Auf vier Toastbrote die Curry-Käse-Mischung streichen.
6. Darüber den Thunfisch verteilen.
7. Peperoni und Zwiebel über den Fisch geben, zum Schluss den Käse über das Ganze legen.
8. Mit den restlichen Toastbroten das Ganze abdecken, Ränder andrücken, im Sandwichmaker 4-5 Minuten rösten.

Sandwich mit Räucherlachs und Avocado

Portionen: 2

<u>Zutaten</u>

4 Scheiben Sandwichtoast

100 g Räucherlachs

75 g Doppelrahmfrischkäse

1 Avocado

2 TL Zitronensaft

Zitronensaft

Dillspitzen

Salz

Pfeffer

Zubereitung

1. Avocado halbieren, entsteinen, Fruchtfleisch auslösen, in eine Schüssel geben.
2. Frischkäse zur Avocado geben, pürieren.
3. Würzen mit Salz, Pfeffer und Zitronensaft.
4. Zwei Scheiben mit Avocado-Creme bestreichen.
5. Darauf den Räucherlachs verteilen.
6. Etwas Zitronensaft darüber träufeln.
7. Dillspitzen darüber streuen.
8. Restliche Toastbrot-Scheiben darauf legen, Ränder andrücken, diagonal halbieren, im Sandwichmaker goldbraun toasten.

Sandwich mit Lachsfilet mit Avocado

Portionen: 4

Zutaten

8 Scheiben Vollkorn-Sandwichtoast

8 Scheiben Räucherlachs

150 g Frischkäse

1 Avocado

1 Beet Kresse

½ Bund Schnittlauch

1 EL Joghurt

1 EL Essig

Salz

Pfeffer

Zubereitung

1. Schnittlauch abbrausen, trocken schütteln, in Röllchen schneiden.
2. Kresse vom Beet schneiden, abbrausen.
3. Schnittlauch und Kresse in eine Schüssel geben.
4. Frischkäse und Joghurt zufügen, verrühren.
5. Würzen mit Salz, Pfeffer und Essig.
6. Avocado halbieren, entsteinen, Fruchtfleisch auslösen, würfeln, zur Creme geben, vermischen.
7. Auf vier Brotscheiben die Creme streichen.
8. Darauf den Räucherlachs legen.
9. Mit den restlichen Brotscheiben das Ganze abdecken, Ränder andrücken, diagonal halbieren, im Sandwichmaker 5 Minuten toasten.

Sandwich mit Zanderfilet

Portionen: 4

Zutaten

8 Scheiben Vollkorn-Sandwichtoast

200 g Zanderfilet

3 Zweige Dill

1 Eiweiß

1 EL Kapern

4 EL Schlagsahne

2 EL Sonnenblumenöl

Salz

Cayennepfeffer

Salz

Pfeffer

Zubereitung

1. Dill abbrausen, trocken schütteln, abzupfen, hacken.
2. Fisch abspülen, trocken tupfen, 66 % vom Fisch würfeln.
3. Zander mit Sahne und Eiweiß in zwei Portionen teilen, zu feinem Püree mixen.
4. Kapern hacken.
5. Kapern und Dill zum Fisch-Püree geben, mischen.
6. Würzen mit Salz und Cayennepfeffer.
7. Auf vier Brotscheiben das Zander-Püree streichen.
8. Mit den restlichen Brotscheiben das Ganze abdecken, Ränder andrücken, diagonal halbieren, im Sandwichmaker 5 Minuten toasten.

3.6 Sandwiches mit Gemüse

Gemüse sollte unser tägliches Brot sein – meist kommen diese Gaben der Natur bei unseren Speiseplänen oft zu kurz. Man muss kein Vegetarier sein, um zu wissen, dass Gemüse sehr gesund ist und viele Nähr- und Aufbaustoffe beinhaltet, die unser Körper braucht.

Aus diesem Grund haben wir das Kapitel Sandwiches mit Gemüse auch relativ groß gehalten. Allerdings konnten wir nicht alle Rezepte auflisten, diese Liste wäre zu groß gewesen und hätte unseren Rahmen gesprengt.

Für den Belag mit Gemüse können Sie Ihrer Fantasie freien Lauf lassen. Erlaubt ist alles, was Ihnen schmeckt. Aufgepeppt mit Käse und Kräutern zaubern Sie aus jedem Gemüse eine einzigartige Köstlichkeit.

Sandwich mit Möhren und Nüssen

Portionen: 4

Zutaten

8 Scheiben Sandwichtoast

100 g geriebener Emmentaler

60 g gehackte Walnüsse

2 Möhren

4 TL Curry

Salz

Zubereitung

1. Möhren putzen, schälen, raspeln, in eine Schüssel geben.

2. Käse und Nüsse zufügen, mischen.
3. Würzen mit Salz und Pfeffer.
4. Auf vier Toastbrot-Scheiben die Mischung verstreichen.
5. Mit den restlichen Brotscheiben das Ganze abdecken, in den Sandwichtoaster geben, 5 Minuten toasten.

Sandwich vegetarische Art

Portionen: 2

Zutaten

4 Scheiben Sandwichtoast

2 Scheiben Schmelzkäse

1 Tomate

½ rote Paprika

½ Zucchini

½ Salatgurke

½ Zwiebel

Kräutersalz

Remoulade

Margarine

Zubereitung

1. Das Gemüse putzen, waschen, in Scheiben schneiden.
2. Zwei Toastbrot-Scheiben auf eine Arbeitsfläche legen.

3. Auf jede Scheibe Toastbrot eine Scheibe Käse legen.
4. Über den Käse Remoulade verteilen.
5. Darüber das Gemüse verteilen.
6. Mit Kräutersalz würzen.
7. Mit den nicht belegten Brotscheiben abdecken, in den Sandwichtoaster legen, goldbraun toasten.

Gemüse-Sandwich

Portionen:2

Zutaten

1 Zucchino

1 Möhre

1 Frühlingszwiebel

100 g Frischkäse mit Kräutern

4 Scheiben Vollkorn-Toast

2 EL Crème fraîche

1 TL Zitronensaft

Salz

Pfeffer

Zubereitung

1. Möhre waschen, schälen, fein raspeln.
2. Zucchino waschen, Stielansatz entfernen, fein raspeln.

3. Frühlingszwiebel abziehen, in Ringe schneiden.
4. Käse und Crème fraîche in eine Schüssel geben, mischen.
5. Möhre, Zucchino und Zwiebel zufügen, mischen.
6. Würzen mit Salz und Pfeffer, mit Zitronensaft abschmecken.
7. Die Gemüsemischung auf zwei Toastbrote verteilen.
8. Die restlichen Brotscheiben darauf setzen, die Ränder andrük-ken.
9. Die Brote diagonal halbieren, in den Sandwichmaker legen, 8 Minuten toasten.

Sandwich mit Zucchini

Portionen: 4

<u>Zutaten</u>

8 Scheiben Vollkorntoast

2 kleine Zucchini

2 Möhren

2 Frühlingszwiebeln

200 g Frischkäse mit Kräutern

4 EL Crème fraîche

2 TL Zitronensaft

Salz

Pfeffer

Zubereitung

1. Möhren waschen, schälen, raspeln.
2. Zucchini putzen, Stielansatz entfernen, raspeln.
3. Frühlingszwiebeln abziehen, in Ringe schneiden.
4. Käse und Crème fraîche in eine Schüssel geben, verrühren.
5. Das Gemüse mit den Zwiebeln zufügen, mischen.
6. Würzen mit Salz und Pfeffer, mit Zitronensaft abschmecken.
7. Auf vier Toastbrot-Scheiben die Gemüsecreme verteilen.
8. Die vier nicht bestrichenen Toastbrote darauf legen, Ränder andrücken, diagonal halbieren und im Sandwichmaker 6 Minuten toasten.

Sandwich mit Spargel

Portionen:2

Zutaten

4 Scheiben Vollkorntoast

8 Spargelstangen

1 weichgekochtes Ei

2 EL Hummus

1 EL gehackte Walnüsse

2 EL Olivenöl

2 EL geriebener Mozzarella

Salz

Pfeffer

Zubereitung

1. Spargel putzen, die Enden abschneiden.
2. Ei 5 Minuten weichkochen, abschrecken, pellen, halbieren.
3. Backofen vorheizen auf 220 °C; Backblech mit Backpapier auslegen.
4. Spargel auf das Backblech legen, mit Öl beträufeln, würzen mit Salz und Pfeffer.
5. Backblech in den Backofen schieben, 10 Minuten braten, abkühlen lassen, der Breite nach halbieren.
6. Zwei Toastbrot-Scheiben mit Öl bestreichen, mit Hummus beschmieren.
7. Die Eihälften auf die Brotscheiben legen, darauf den Spargel verteilen.
8. Mit Walnüssen und geriebenen Mozzarella bestreuen.
9. Die restlichen Brotscheiben über das Ganze legen, Ränder andrücken, im Sandwichmaker 7 Minuten knusprig toasten.

Sandwich mit Zucchini und Käse

Portionen:2

Zutaten

4 Scheiben Sandwichtoast

120 g Gruyère

1 Knoblauchzehe

1 Zucchino

1 Bund Basilikum

5 EL Olivenöl

1 TL Paprika

Salz

Pfeffer

<u>Zubereitung</u>

1. Zucchino waschen, in dünne Scheiben schneiden.
2. Basilikum abbrausen, trocken schütteln, Blättchen abzupfen, grob hacken.
3. Knoblauch abziehen, in eine Schüssel pressen.
4. Öl und Basilikum zufügen.
5. Mit Salz und Paprika würzen.
6. Mit dem Pürierstab das Ganze zu Püree verarbeiten.
7. Die Knoblauch-Basilikum-Mischung auf zwei Toastbrote verteilen.
8. Zucchini-Scheiben und darüber den Käse verteilen.
9. Die restlichen Toastbrote über das Ganze legen, Ränder andrücken, im Sandwichmaker 5 Minuten toasten.

Sandwich mit Avocado und Schafskäse

Portionen:4

Zutaten

100 g Feta

50 g Naturjoghurt

8 Scheiben Sandwichtoast

Pfeffer

Honig

150 g Avocado

Zubereitung

1. Feta mit einer Gabel zerdrücken, in eine Schüssel geben.
2. Joghurt, Salz, Pfeffer und Honig zufügen, gut vermischen.
3. Avocado entsteinen, Fruchtfleisch auslösen, in Scheiben schneiden.
4. Auf zwei Toastbrote die Avocado verteilen, würzen mit Pfeffer.
5. Auf die anderen Toastbrote die Feta-Joghurt-Mischung verstreichen.
6. Beide Toastbrote zusammenklappen, Ränder andrücken, im Sandwichmaker 4 Minuten toasten.

Sandwich mit Mais und Zwiebel

Portionen:4

Zutaten

8 Scheiben Vollkorntoast

3 rote Zwiebeln

1 kleine Dose Mais

2 Stiele Petersilie

2 EL Zucker

8 Scheiben Raclette-Käse

Butter

Essig

Salz

Pfeffer

Zubereitung

1. Zwiebeln abziehen, in Scheiben schneiden.
2. Petersilie abbrausen, trocken schütteln, klein schneiden.
3. Öl in einer beschichteten Pfanne erhitzen, Zwiebeln und Petersilie zufügen, 3 Minuten anbraten, würzen mit Salz und Pfeffer.
4. Den Zucker über das Ganze geben, kurz braten.
5. Ablöschen mit Essig, köcheln lassen bis die Flüssigkeit reduziert ist.
6. Vier Toastbrote mit Käse belegen.

7. Zwiebeln und Mais darüber verteilen.
8. Mit den restlichen Broten abdecken.
9. Die Toastbrote außen mit Butter bestreichen, im Sandwichmaker 6 Minuten rösten.

Sandwich mit Zucchini und Oliven

Portionen:2

Zutaten

4 Scheiben Sandwichtoast

8 Scheiben Zucchini

8 Oliven

4 EL Crème fraîche

4 Scheiben Bergkäse

Salz

Pfeffer

Butter

Zubereitung

1. Zucchini waschen, acht Scheiben abschneiden.
2. Oliven in Scheiben schneiden.
3. Crème fraîche mit Salz und Pfeffer mischen.
4. Auf zwei Toastscheiben Crème fraîche verstreichen.

5. Darüber die Zucchini verteilen.
6. Über die Zucchini Oliven verteilen, darüber zwei Scheiben Käse legen.
7. Die restlichen Toastbrote über das Ganze legen, die Außenseiten mit Butter bestreichen, Ränder andrücken, im Sandwichmaker 6 Minuten toasten.

Sandwich mit Gurke mit Paprika

Portionen: 2

Zutaten

4 Scheiben Sandwichtoast

¼ Salatgurke

1 Paprika

4 EL Crème fraîche

4 Scheiben Tofu

Salz

Pfeffer

Butter

Zubereitung

1. Gurke waschen, einige Scheiben abschneiden.
2. Paprika waschen, entkernen, weiße Fruchthäute entfernen, in Scheiben schneiden.
3. Crème fraîche mit Salz und Pfeffer mischen.

4. Auf zwei Toastscheiben Crème fraîche verstreichen.
5. Darüber die Gurkenscheiben verteilen.
6. Über die Gurken die Paprika verteilen, darüber zwei Scheiben Tofu legen.
7. Die restlichen Toastbrote über das Ganze legen, die Außenseiten mit Butter bestreichen, Ränder andrücken, im Sandwichmaker 6 Minuten toasten.

Sandwich mit Tomaten und Gurke

Portionen: 2

Zutaten

4 Scheiben Sandwichtoast

¼ Salatgurke

2 Tomaten

4 EL Crème fraîche

2 Scheiben Emmentaler

Salz

Pfeffer

Butter

Zubereitung

1. Gurke waschen, einige Scheiben abschneiden.
2. Tomaten waschen, in Scheiben schneiden.
3. Crème fraîche mit Salz und Pfeffer mischen.

4. Auf zwei Toastscheiben Crème fraîche verstreichen.
5. Darüber die Gurkenscheiben verteilen.
6. Über die Gurken die Tomaten verteilen, darüber zwei Scheiben Käse legen.
7. Die restlichen Toastbrote über das Ganze legen, die Außenseiten mit Butter bestreichen, Ränder andrücken, im Sandwichmaker 6 Minuten toasten.

Sandwich mit Tomaten und Oliven

Portionen: 2

Zutaten

4 Scheiben Sandwichtoast

2 Tomaten

4 Oliven

4 EL Crème fraîche

2 Scheiben Gouda

Salz

Pfeffer

Butter

Zubereitung

1. Tomaten waschen, in Scheiben schneiden.
2. Oliven in Scheiben schneiden.
3. Crème fraîche mit Salz und Pfeffer mischen.

4. Auf zwei Toastscheiben Crème fraîche verstreichen.
5. Darüber die Tomatenscheiben verteilen.
6. Über die Tomaten die Oliven verteilen, darüber zwei Scheiben Käse legen.
7. Die restlichen Toastbrote über das Ganze legen, die Außenseiten mit Butter bestreichen, Ränder andrücken, im Sandwichmaker 6 Minuten toasten.

Sandwich mit Zucchini-Paprika

Portionen: 2

Zutaten

4 Scheiben Sandwichtoast

1 Zucchino

1 Paprika

4 EL Crème fraîche

2 Scheiben Tofu

Salz

Pfeffer

Butter

Zubereitung

1. Zucchino waschen, einigen Scheiben abschneiden.
2. Paprika waschen, entkernen, weiße Fruchthäute entfernen, in Scheiben schneiden.

3. Crème fraîche mit Salz und Pfeffer mischen.
4. Auf zwei Toastscheiben Crème fraîche verstreichen.
5. Darüber die Zucchini-Scheiben verteilen.
6. Über die Zucchini die Paprika-Scheiben verteilen, darüber eine Scheibe Tofu legen.
7. Die restlichen Toastbrote über das Ganze legen, die Außenseiten mit Butter bestreichen, Ränder andrücken, im Sandwichmaker 6 Minuten toasten.

Sandwich mit Gurke, Tomaten und Paprika

Portionen: 2

<u>Zutaten</u>

4 Scheiben Sandwichtoast

8 Zucchini-Scheiben

¼ Salatgurke

2 Tomaten

6 EL Crème fraîche

2 Scheiben Gouda

Salz

Pfeffer

Butter

<u>Zubereitung</u>

1. Zucchini waschen, acht Scheiben abschneiden.

2. Gurke waschen, in dünne Scheiben schneiden.
3. Tomaten waschen, in Scheiben schneiden.
4. Crème fraîche mit Salz und Pfeffer mischen.
5. Auf zwei Toastscheiben Crème fraîche verstreichen.
6. Darüber die Zucchini-Scheiben verteilen.
7. Über die Zucchini die Tomaten- und Gurken-Scheiben verteilen, darüber eine Scheibe Gouda legen.
8. Die restlichen Toastbrote über das Ganze legen, die Außenseiten mit Butter bestreichen, Ränder andrücken, im Sandwichmaker 6 Minuten toasten.

Sandwich mit Zucchini, Tomaten und Tofu

Portionen: 2

Zutaten

4 Scheiben Sandwichtoast

8 Zucchini-Scheiben

2 Tomaten

2 EL Hummus

2 EL Olivenöl

2 Scheiben Tofuschnitzel

Salz

Pfeffer

Butter

Zubereitung

1. Zucchini waschen, acht Scheiben abschneiden.
2. Tomaten waschen, in Scheiben schneiden.
3. Zwei Toastscheiben mit Olivenöl beträufeln; Hummus auf beide Toastbrote streichen.
4. Darüber die Zucchini-Scheiben verteilen.
5. Über die Zucchini die Tomatenscheiben verteilen, darüber eine Scheibe Tofu legen.
6. Die restlichen Toastbrote über das Ganze legen, die Außenseiten mit Butter bestreichen, Ränder andrücken, im Sandwichmaker 6 Minuten toasten.

Sandwich mit Paprika, Oliven und Tofu

Portionen: 2

Zutaten

4 Scheiben Sandwichtoast

1 Paprika

6 Oliven

2 EL Hummus

2 EL Olivenöl

2 Scheiben Tofuschnitzel

Salz

Pfeffer

Butter

Zubereitung

1. Paprika waschen, entkernen, weiße Fruchthäute entfernen, in Scheiben schneiden.
2. Oliven in Scheiben schneiden.
3. Zwei Toastscheiben mit Olivenöl beträufeln; Hummus auf beide Toastbrote streichen.
4. Darüber die Paprika-Scheiben verteilen.
5. Über die Paprika die Oliven verteilen, darüber eine Scheibe Tofu legen.
6. Die restlichen Toastbrote über das Ganze legen, die Außenseiten mit Butter bestreichen, Ränder andrücken, im Sandwichmaker 6 Minuten toasten.

Sandwich mit Avocado, Mais, Tofu

Portionen: 2

Zutaten

4 Scheiben Sandwichtoast

1 kleine Dose Mais

1 Avocado

2 EL Hummus

2 EL Olivenöl

2 Scheiben Tofuschnitzel

Salz

Pfeffer

Butter

Zubereitung

1. Mais in ein Sieb schütten, abtropfen lassen.
2. Avocado entsteinen, Fruchtfleisch auslösen, mit einer Gabel zerdrücken.
3. Zwei Toastscheiben mit Olivenöl beträufeln; Hummus auf beide Toastbrote streichen.
4. Darüber die Avocado-Masse verteilen.
5. Über die Avocado den Mais verteilen, darüber eine Scheibe Tofu legen.
6. Die restlichen Toastbrote über das Ganze legen, die Außenseiten mit Butter bestreichen, Ränder andrücken, im Sandwichmaker 6 Minuten toasten.

Sandwich mit Rucola und Ziegenkäse

Portionen: 2

Zutaten

4 Scheiben Sandwichtoast

1 Avocado

50 g Rucola

2 EL Tomatenmark

2 EL Crème fraîche

2 EL Olivenöl

4 Scheiben Ziegenkäse

Salz

Pfeffer

Butter

Zubereitung

1. Rucola waschen, harte Stiele entfernen, evtl. zerkleinern.
2. Avocado entsteinen, Fruchtfleisch auslösen, mit einer Gabel zerdrücken.
3. Crème fraîche in eine Schüssel geben, Tomatenmark und Olivenöl zufügen, mischen, würzen mit Salz und Pfeffer.
4. Zwei Toastscheiben mit der Tomatenmark-Creme bestreichen.
5. Darüber die Avocado-Masse verteilen.
6. Über die Avocado Rucola verteilen, darüber zwei Scheiben Ziegenkäse legen.
7. Die restlichen Toastbrote über das Ganze legen, die Außenseiten mit Butter bestreichen, Ränder andrücken, im Sandwichmaker 7 Minuten toasten.

Sandwich mit Ananas und Curry

Portionen: 4

Zutaten

8 Scheiben Sandwichtoast

4 Scheiben Ananas (Dose)

12 Kirschtomaten

4 Stiele Basilikum

1 Kugel Mozzarella

Curry

Salz

Pfeffer

Zubereitung

1. Mozzarella abtropfen lassen, in Scheiben schneiden.
2. Ananas abtropfen lassen.
3. Tomaten waschen, in Scheiben schneiden.
4. Basilikum abbrausen, trocken schütteln, Blättchen abzupfen.
5. Auf vier Scheiben Toastbrot Ananas, Tomaten, Käse und Basilikum verteilen.
6. Würzen mit Curry, Salz und Pfeffer.
7. Darüber die restlichen Toastbrote legen, Ränder andrücken, im Sandwichmaker 5 Minuten rösten.

Sandwich mit Süßkartoffeln

Portionen:4

Zutaten

200 g Süßkartoffeln

200 Ziegenweichkäse

30 g Rauke

100 g gegrillte Paprika (Glas)

25 g gehackte, geschälte, gesalzene Pistazien

8 Scheiben Vollkorn-Toast

5 EL Olivenöl

5 TL Mayonnaise

3 TL Chiliflocken

Salz

Pfeffer

2 TL Limettenschale

Zubereitung

1. Süßkartoffeln schälen, in Scheiben schneiden.
2. Backofen auf 220 °C vorheizen, Backblech mit Backpapier auslegen.
3. Süßkartoffeln auf dem Backblech verteilen, mit Öl bestreichen, würzen mit Salz und Pfeffer, im Backofen 15 Minuten garen.
4. Rauke putzen, trocken schleudern.
5. Paprika abtropfen lassen, in eine hohe Schüssel geben.
6. Chiliflocken zufügen, das Ganze pürieren.
7. Nach und nach Mayonnaise zufügen, unterrühren.

8. Würzen mit Salz und Pfeffer.
9. Käse in Scheiben schneiden.
10. Auf vier Toastbrot-Scheiben die Mayonnaise-Mischung verteilen.
11. Limettenschale über das Ganze streuen.
12. Die Süßkartoffeln darüber legen.
13. Zum Schluss den Ziegenkäse auf die Brote legen und Pistazien darüber streuen.
14. Mit den restlichen Toastbrot-Scheiben das Ganze abdecken, Ränder andrücken, diagonal halbieren, im Sandwichmaker 6 Minuten toasten.

Sandwich mit Sauerkraut

Portionen: 2

<u>Zutaten</u>

175 g 3-Minuten-Sauerkraut (Dose)

4 Scheiben Vollkorn-Toastbrot

1 Apfel

75 g Schmand

1 EL Butter

1 ½ TL Meerrettich

1 TL Zitronensaft

Salz

Pfeffer

Zucker

Zubereitung

1. Sauerkraut in einen Topf geben, erhitzen, bei mittlerer Temperatur 8 Minuten garen.
2. Meerrettich und Schmand zufügen, unterrühren.
3. Würzen mit Salz, Pfeffer und Zucker.
4. Topf vom Herd nehmen, beiseite stellen.
5. Apfel waschen, Kerngehäuse entfernen, in dünne Scheiben schneiden.
6. Zitronensaft über den Apfel träufeln.
7. Butter auf 2 Brotscheiben verstreichen.
8. Sauerkraut und Apfel darauf verteilen.
9. Die restlichen Toastbrot-Scheiben über das Ganze geben, Ränder andrücken, diagonal halbieren, im Sandwichmaker 5 Minuten toasten.

Sandwich mit Lauch

Portionen: 2

Zutaten

4 Scheiben Sandwichtoast

4 Sardinen

1 Stange Lauch

1 Kugel Mozzarella

30 g Butter

Salz

Zubereitung

1. Lauch putzen, die weißen und hellgrünen Teile der Länge nach halbieren, in Blättchen teilen, waschen.
2. Salzwasser in einem Topf zum Kochen bringen.
3. Lauch zufügen, 13 Minuten blanchieren, kalt abschrecken, abtropfen lassen, dann mit Küchenkrepp trocken tupfen.
4. Sardinen in ein Sieb geben, abtropfen lassen.
5. Mozzarella abtropfen lassen, dann in acht Scheiben schneiden.
6. Vom Toastbrot die Rinde abschneiden.
7. Auf zwei Brotscheiben Lauch verteilen.
8. Über dem Lauch Sardellen und Mozzarella verteilen.
9. Die nicht belegten Brotscheiben über das Ganze legen, Ränder leicht andrücken, diagonal halbieren, im Sandwichtoaster 5 Minuten toasten.

3.7 Süße Sandwiches

Süße Träume kommen auch beim Sandwich nicht zu kurz. Mit Schokocreme, Nutella, Joghurt und Obst kann man süße Sandwiches zaubern und genießen. Kreieren Sie Ihren süßen Sandwich-Traum und genießen Sie ihn, während Sie relaxen! Viel Spaß dabei!

Sandwich mit Bananen

Portionen: 2

Zutaten

4 Scheiben Sandwichtoast

1 Banane

Nutella

Butter

Zubereitung

1. Alle Toastbrot-Scheiben auf einer Seite mit der Butter bestreichen.
2. Auf der anderen Seite der Brotscheiben Nutella streichen.
3. Banane schälen, in Scheiben schneiden.
4. Auf die Brotscheibe mit Nutella Bananenscheiben verteilen.
5. Das Ganze in den Toaster geben, goldbraun toasten.

Sandwich mit Marmelade

Portionen: 2

Zutaten

2 Scheiben Gouda

4 Scheiben Sandwichtoast

2 EL Marmelade

Pfeffer

Curry

Butter

Zubereitung

1. Alle vier Scheiben mit Butter bestreichen.
2. Zwei Scheiben umdrehen, auf die Seite ohne Butter den Käse legen.
3. Auf dem Käse Marmelade verstreichen.
4. Würzen mit Curry und Pfeffer.
5. Das Ganze mit den beiden anderen Brotscheiben abdecken, in den Sandwichtoaster legen, kross toasten.

Sandwich mit Nutella

Portionen: 2

Zutaten

4 Scheiben Sandwichtoast

Nutella

Kokosraspeln

Zubereitung

1. Zwei Brotscheiben mit Nutella bestreichen.
2. Darüber Kokosraspeln verteilen.
3. Die restlichen Toastbrot-Scheiben über das Ganze legen, in den Sandwichmaker geben, goldbraun toasten.

Sandwich mit Banane mit Zimt

Portionen: 1

Zutaten

2 Scheiben Sandwichtoast

½ Banane

Zimt

Zucker

Butter

Zubereitung

1. Banane schälen, in dünne Scheiben schneiden.
2. Die Außenseiten der Toastbrote mit Butter bestreichen.
3. Bananenscheiben auf die trockene Toastbrot-Seite verteilen.
4. Mit Zimt bestreuen.
5. Das Ganze mit der restlichen Toastbrot-Scheibe abdecken, mit Zucker bestreuen, in den Sandwichtoaster geben, 5 Minuten tosten.

Sandwich mit Banane und Chia

Portionen:2

Zutaten

4 Scheiben Sandwichtoast

1 Banane

Chiasamen

2 EL Erdnusscreme

2 EL Honig

Zubereitung

1. Banane schälen, in Scheiben schneiden.
2. Zwei Toastbrote mit Erdnusscreme bestreichen.
3. Bananenscheiben darüber verteilen.
4. Honig darüber verteilen, mit Chiasamen bestreuen.
5. Die restlichen Brote über das Ganze legen, im Sandwichtoaster 5 Minuten toasten.

Sandwich mit Banane und Erdnussbutter

Portionen:1

Zutaten

2 Scheiben Sandwichtoast

½ Banane

12 g ungezuckerte Erdnussbutter

Zubereitung

1. Banane Schälen, in Scheiben schneiden.
2. Eine Toastbrot-Scheibe mit Erdnussbutter bestreichen.
3. Bananenscheiben darüber verteilen.

4. Mit der anderen Brotscheibe das Ganze abdecken, im Sandwichmaker 5 Minuten toasten.

Sandwich mit Erdbeer-Schoko

Portionen: 1

<u>Zutaten</u>

2 Scheiben Sandwichtoast

4-5 frische Erdbeeren

Nutella

<u>Zubereitung</u>

1. Erdbeeren waschen, putzen, in Scheiben schneiden.
2. Ein Toastbrot mit Nutella bestreichen, die Erdbeeren darüber verteilen.
3. Mit dem anderen Toastbrot das Ganze abdecken, im Sandwichmaker 5 Minuten toasten.

3.8 Kleine Köstlichkeiten aus dem Sandwichmaker

Qualitativ hochwertige Sandwichmaker sind nicht nur für Sandwiches geeignet, sondern auch für Kuchen, Käse, Pizzaecken und Hot Dogs. Ein XXL-Gerät kann durchaus den Backofen und den Grill ersetzen. Lassen Sie sich von der nachfolgenden Vielfalt unserer Rezeptideen verzaubern und schaffen Sie mit dem Sandwichmaker Ihr eigenes Werk!

Camembert aus dem Sandwichmaker

Portionen: 4

Zutaten

4 x 125 g Camembert

4 EL Sauerkirsch-Marmelade

Zubereitung

1. Sandwichtoaster vorheizen.
2. In den Toaster 2 Camemberts legen, toasten bis sich der Käse aufbläht.
3. Den Camembert auf Teller anrichten, Marmelade über den Käse geben und genießen.
4. Mit den restlichen 2 Camemberts ebenso verfahren.

Apfelstrudel

Portionen:2

Zutaten

1 Rolle Blätterteig

75 g Äpfel

20 g Rosinen

1 EL Zitronenfruchtfleisch

1 EL Zitronensaft

2 TL Honig

1 TL brauner Zucker

½ TL Zimt

etwas Muskatnuss

Zubereitung

1. Äpfel waschen, Kerngehäuse entfernen, stückeln, in einen Topf geben.
2. Den Topf erhitzen, bei mittlerer Hitze 5 Minuten kochen lassen.
3. Rosinen, Zucker, Zitronenfruchtfleisch und Zitronensaft zufügen, mischen.
4. Würzen mit Honig, Zimt und Muskat.
5. Blätterteig ausrollen, zwei gleichgroße Stücke aus dem Teig herausschneiden.
6. Auf den Sandwichmaker ein Stück legen, die Apfelmischung darauf verteilen.
7. Über das Ganze das zweite Stück Blätterteig legen.
8. Sandwichmaker schließen, 5 Minuten backen.

Apfeltaschen

Portionen: 8

Zutaten

1 Glas gezuckertes und stückiges Apfelkompott

1 Packung Sultaninen

1 Päckchen Zimt

1 Packung Blätterteig (Kühlregal)

Puderzucker

Zubereitung

1. Blätterteig auf eine Arbeitsfläche ausbreiten, in vier gleichgroße Rechtecke schneiden.
2. Das Apfelkompott in eine Schüssel füllen, Zimt und Sultaninen zufügen, mischen.
3. Ein Blätterteig-Stück auf den Sandwichmaker legen.
4. Darauf einen Esslöffel Apfelmischung geben.
5. Mit einem weiteren Blätterteig-Stück das Ganze abdecken, Ränder andrücken, Sandwichmaker schließen, die Apfeltaschen 9 Minuten backen.
6. Die noch warmen Apfeltaschen mit Puderzucker bestäuben.

Muffins

Portionen: 2

Zutaten

60 g Mehl

60 g zimmerwarme Butter

30 g Zucker

1 Päckchen Vanillezucker

1 Ei

Zubereitung

1. Butter, Mehl, Zucker und Vanillezucker in eine Schüssel geben.

2. Ei über die Mehl-Mischung aufschlagen.
3. Das Ganze zu einem glatten Teig verarbeiten.
4. Den Teig in den Sandwichmaker geben, backen bis die Muffins goldbraun sind.

Waffeln

Portionen:1

Zutaten

180 g Mehl

45 g Zucker

2 Eier

250 ml Milch

1 TL Backpulver

Salz

Zitronenschale

Butter

Zubereitung

1. Mehl, Milch, Eier, Zucker, Zitronenschale, Backpulver und Eier sowie Salz in eine Schüssel geben, das Ganze zu einem glatten Teig verarbeiten.
2. Den Sandwichmaker mit Butter bestreichen, den Teig portionsweise in die unteren Formen füllen.
3. Sandwichmaker schließen, 3-5 Minuten die Waffeln goldbraun backen.

Rührkuchen

Gedacht für einen Sandwichmaker XXL

Portionen:1 Kuchen

Zutaten

120 g Mehl

100 g zimmerwarme Butter

90 g Zucker

1 Ei

1 Päckchen Vanillezucker

1 Apfel

1 TL Backpulver

1 ½ EL saure Sahne

Zubereitung

1. Vanillezucker, Zucker und Ei in eine Schüssel geben, schaumig rühren.
2. Die Butter zufügen, unterrühren.
3. Mehl, Backpulver und Joghurt zugeben; das Ganze zu einem Teig verarbeiten.
4. Apfel waschen, schälen, Kerngehäuse entfernen, in kleine Schnitzel schneiden.
5. Apfelschnitze zum Teig geben, mischen.

6. Den Sandwichmaker leicht einfetten, den Teig im Sandwichmaker verteilen, 10 Minuten backen.

Pizzaecken

Portionen: 6

Zutaten

1 Packung fertigen Pizzateig

50 g Salami

50 g gekochten Schinken

1 Zwiebel

50 g geriebener Edamer

1 Tomate

1 TL Ketchup

Pizzagewürz

Zubereitung

1. Den Pizzateig ausrollen, daraus acht Kreise ausstechen.
2. Salami und Schinken in Würfel schneiden.
3. Tomate waschen, würfeln.
4. Zwiebel abziehen, würfeln.
5. Die Teigkreise zur Hälfte ganz nach Belieben füllen.
6. Ketchup und Pizzagewürz über die Füllung geben.

7. Die gefüllten Teigkreise zusammenklappen, 15 Minuten ruhen lassen.
8. Den Sandwichmaker mit Öl einpinseln, die gefüllten Pizzaekken in den Sandwichmaker geben, 15 Minuten backen (Sandwichmaker nicht vorheizen).

Hot-Dog-Sandwich

Portionen: 2

<u>Zutaten</u>

1 fertigen Blätterteig

2 Wiener Würstchen

Ketchup

<u>Zubereitung</u>

1. Blätterteig ausrollen, zwei Rechtecke ausschneiden.
2. Die Rechtecke zur Hälfte mit Ketchup bestreichen.
3. Darauf ein Wiener Würstchen legen.
4. Das Ganze mit der nicht belegten Seite abdecken, Ränder andrücken, im Sandwichmaker 7 Minuten rösten.

Blätterteig mit Banane

Portionen: 2

<u>Zutaten</u>

1 fertigen Blätterteig

1 Banane

2 EL Joghurt

Schokostreusel

Nutella

Zubereitung

1. Blätterteig ausrollen, zwei Rechtecke ausschneiden.
2. Die Rechtecke zur Hälfte mit Nutella bestreichen.
3. Banane schälen, in Scheiben schneiden.
4. Darauf die Bananenscheiben legen.
5. Über die Bananen einen Esslöffel Joghurt geben, Schokostreusel über das Ganze streuen.
6. Das Ganze mit der nicht belegten Seite abdecken, Ränder andrücken, im Sandwichmaker 5 Minuten rösten.

Arme Ritter

Portionen: 2

Zutaten

4 Scheiben Vollkorntoast

200 g Ziegenkäse-Camembert

100 g Preiselbeer-Konfitüre

2 Eier

Salz

Pfeffer

Zubereitung

1. Ziegenkäse in Scheiben schneiden.
2. Zwei Toastscheiben mit Konfitüre bestreichen.
3. Ziegenkäse über die Konfitüre verteilen.
4. Eier, Salz, Pfeffer verquirlen.
5. Die Eimasse auf den Ziegenkäse verteilen.
6. Die restlichen Brotscheiben über das Ganze legen, Ränder andrücken, diagonal halbieren, im Sandwichmaker 5 Minuten goldbraun toasten.

Zusammenfassung

Wir sind am Ende unseres kleinen Büchleins angelangt.

Was ein Sandwichmaker ist, welche Vorteile er hat, darüber informierten wir Sie in unserem ersten und zweiten Kapitel.

Grundsätzlich ist darauf zu achten, dass ein hochwertiges Gerät angeschafft wird. Sandwichmaker sind preislich sehr günstig. Oft neigt man dazu sich ein billiges Gerät anzuschaffen; doch besser ist es auf die Qualität zu achten. Es gibt viele Sandwichmaker auf dem Markt und nicht jeder entspricht einer hochwertigen Qualität.

Wir raten vor der Anschaffung sich im Internet nach Geräten umzusehen und sich dann über die Testergebnisse zu informieren. Auch eine gute Beratung im Fachgeschäft kann hilfreich sein; allerdings ist dabei zu beachten: Der Mitarbeiter will Ihnen ein Gerät verkaufen; ob es sich für Sie eignet oder ist spielt für ihn keine herausragende Rolle. Deshalb ist eine Vorabinformation sinnvoll; Sie suchen sich ein Gerät aus, informieren sich über die Testergebnisse und entweder bestellen Sie im Internet oder gehen in das Fachgeschäft Ihres Vertrauens.

Die neuen Sandwichmaker können mehr als nur Sandwich zu machen. Es gibt die 3 in 1 Geräte, die neben Sandwichmaker auch Backofen und Grill sind. Das ist schon allein aus Platzgründen ein großer Vorteil; denn man spart den Platz für den Grill. Außerdem spart man die Energie, die der Backofen braucht; der Sandwichmaker heizt schneller auf als ein Backofen.

Beim Kauf ist neben den vielen Möglichkeiten, den ein Sandwichmaker bietet, auch auf Sicherheit und Komfort zu achten. Separater Einschaltknopf, separate Wahl der Temperatur und natürlich Schutz vor Überlaufen sollten in jedem Fall vorhanden sein. Das gilt auch für den isolierten Griff, insbesondere wenn sich Kinder im Haushalt befinden.

Unser Tipp: Achten Sie auf Qualität, Sicherheit und nicht zwangsläufig auf den Preis!

Kommen wir nun zu unserer Rezeptwelt.

Wir haben für Sie eine Reihe Rezepte zusammengestellt. Dabei haben wir auch unserer Fantasie freien Lauf gelassen. Sie finden köstliche Rezeptideen für schnelle Sandwiches, aber auch für Sandwiches mit Fleisch, Wurst und Fisch.

Zu den schnellen Sandwiches gehören solche, deren Belag hauptsächlich aus Tomaten und Käse besteht. Natürlich kann man auch diese aufpeppen, beispielsweise mit Kräutern, Nüssen oder Obst. Außerdem finden Sie in diesem Kapitel (3.1) auch Sandwiches mit Eier und Omelett sowie mit Camembert und Ziegenkäse. Wie Sie sehen ist auch hier schon die Vielfalt der Möglichkeiten, wie Sie den Belag gestalten wollen, enorm.

Unser nächstes Kapitel (3.2) befasst sich mit einem Belag, in dem Wurst eine entscheidende Rolle spielt. Wurst, darunter verstehen wir beispielsweise Salami, gekochten Schinken, Rohschinken, geräucherten Schinken und Kochschinken. Natürlich haben wir den berühmten Toast Hawaii nicht vergessen. Auch hier eröffnen sich viele Möglichkeiten den Belag nach Ihrem Geschmack zu gestalten.

Fleisch ist das Hauptthema in unserem Kapitel 3.3. Ob Kassler, Hähnchen, Hack, Schweinefilet, Pute oder Steak – der Sandwichmaker macht es möglich, das Sandwich auch mit Fleisch zu belegen und schweiß auch dann noch die Toastbrote zusammen.

Bacon und Speck sind im Kapitel 3.4 unsere Hauptdarsteller. Auch hier können Sie Ihre Fantasie spielen lassen. Das gilt auch für unser Kapitel 3.5, in dem es um Fisch und Krabben geht. Es gibt auch viele Möglichkeiten, das Sandwich mit Fisch köstlich zu belegen.

Eines unserer Hauptkapitel ist das Kapitel 3.6. Hier spielt Gemüse die Hauptrolle. Zucchini, Paprika, Gurke, Tomaten, Möhren und auch Mais sowie Spargel sind köstliche Nahrungsmittel für Ihr Sandwich. Mit Avocado und Oliven können Sie Ihre Sandwiches gesund gestalten. Als Alternative zum Fleisch, Fisch und zur Wurst haben wir auch Rezepte mit Tofu sowie einige Rezeptideen mit Obst wie Ananas, in dieses Kapitel integriert. Auch Süßkartoffeln sind ein köstlicher Belag für Ihr Sandwich.

Genug vom herzhaften Sandwich – es gibt auch beim Sandwich süße Träume, die Sie verwirklichen können. Dazu haben wir unser Kapitel 3.7 eingerichtet. Hier finden Sie Sandwich-Ideen mit Nutella, Bananen, Marmelade und Erdnussbutter; ideale Köstlichkeiten für die Zeit, in der Sie relaxen und sich von Ihrer Arbeit erholen und eine gute Alternative zu Kuchen und Torte.

Hochwertige Sandwichmaker können mehr als Sandwich zu toasten. Was diese Geräte alles können zeigen wir Ihnen in unserem Kapitel 3.8. Apfeltaschen, Apfelstrudel – ja sogar einen Rührkuchen kann man im Sandwichmaker herstellen. Doch nicht nur das, sondern auch Pizzaecken und Hot Dog Sandwiches – ein köstliches Vergnügen für Jung und Alt.

Daneben verarbeitet ein hochwertiges Gerät auch Blätterteig problemlos.

Wie Sie sehen ist ein Sandwichmaker ein Tausendsassa und in der Küche eine echte Hilfe.

Wir wünschen uns, dass Sie unsere Rezeptideen nachmachen und dabei genauso viel Freude haben wie wir es hatten.

Viel Spaß beim Sandwich belegen und viel Freude mit Ihrem Sandwichmaker und natürlich guten Appetit.

Impressum

Cooking Academy wird vertreten durch:

Instyle Supply and Control Limited

20th Floor, Central Tower, 28

Queen‘s Road, Central, HK

Coverbilder

[germancreative] | [Fiverr]

Haftung für externe Links

Das Buch enthält Links zu externen Webseiten Dritter, auf deren Inhalt der Autor keinen Einfluss hat. Deshalb kann für die Inhalte externer Inhalte keine Gewähr übernommen werden. Für die Inhalte der verlinkten Webseiten ist der jeweilige Anbieter oder Betreiber der Webseite verantwortlich. Die verlinkten Seiten wurden zum Zeitpunkt der Verlinkung auf mögliche Rechtsverstöße überprüft. Rechtswidrige Inhalte waren zum Zeitpunkt der Verlinkung nicht erkennbar. Eine permanente inhaltliche Kontrolle der verlinkten Webseiten ist jedoch ohne konkrete Anhaltspunkte einer Rechtsverletzung nicht zumutbar. Bei Bekanntwerden von Rechtsverletzungen werden derartige Links umgehend entfernt.

46322855R00089

Printed in Poland
by Amazon Fulfillment
Poland Sp. z o.o., Wrocław